INTERPRETATIONEN DEUTSCH

THOMAS MANN

Buddenbrooks

Interpretiert von
Hans-Peter Tiemann

STARK

Bildnachweis
Umschlagbild: Armin Mueller-Stahl als Konsul Jean und Jessica Schwarz als Tony Buddenbrook; Szenenbild aus der „Buddenbrooks"-Verfilmung von Heinrich Breloer (2008)
S. 3, 4, 17, 99, 101, 104: wikipedia.org
S. 9: picture-alliance / akg-images
S. 12, 22, 26, 83: picture alliance
S. 14: picture alliance/KEYSTONE
S. 29: Fotografin: Annette Boutellier, Inszenierung am Stadttheater Bern
S. 33, 119: picture-alliance/ dpa
S. 37, 39: © Buddenbrookhaus Lübeck
S. 43: ullstein bild – ddp
S. 58: Kristoffer Nowak als Thomas, Foto: Peter Litvai
S. 60, 65: Cinetext Bildarchiv
S. 67: Getty Images
S. 71: ullstein bild
S. 76: © Marion Bührle
S. 87: ddp images/AP/Stephan Trierenber
S. 91: ddp images/dapd/Roland Magunia
S. 109: ddp images
S. 123: v.l.: Kristoffer Nowak (Thomas), David Tobias Schneider (Christian), Foto: Peter Litvai

ISBN 978-3-86668-303-7

Inhalt

Autor: Hans-Peter Tiemann

Vorwort

Liebe Schülerin, lieber Schüler,

mehr als 700 Seiten Weltliteratur in der Hand zu halten, mag verlockend sein, kann aber auch einschüchtern, denn Thomas Mann ist ganz und gar kein literarisches Leichtgewicht. Mit „**Buddenbrooks**" legte der junge Autor um 1900 ein Werk vor, an dem er bereits als Vierundzwanzigjähriger zu schreiben begonnen hatte und das ihn später weltberühmt machen sollte. Der Roman zeichnet die Schicksale von vier Generationen einer Lübecker Kaufmannsfamilie nach, erzählt von ihrem Aufstieg und Niedergang, schildert die großen und kleinen Dramen ihres Alltags und entwirft dabei ein heute noch beeindruckendes Bild des Bürgertums im ausgehenden 19. Jahrhundert.

Der erste Teil dieser Interpretationshilfe führt in Thomas Manns **Leben und Werk** ein und erläutert Ihnen die Entstehung des Romans. Es folgt eine **Inhaltsangabe**, die den Handlungsverlauf chronologisch nachzeichnet und Ihnen einen ersten Überblick über die Figuren im Roman gibt. Die anschließende **Textanalyse und Interpretation** stellt den **Aufbau** des Werkes vor und beschreibt das komplexe **Erzählsystem** des Autors. Thomas Manns Gestaltung einer Erzählerfigur, sein Umgang mit Zeit und Raum und seine „Leitmotivtechnik" werden an Textpassagen erläutert.

Die Figurenvielfalt des Romans macht Orientierungshilfen erforderlich, wie sie mit der **Beschreibung und Charakterisierung der Figuren** vorgelegt werden. Hier erfolgt eine systematische Begrenzung auf das Figurenensemble, das den Handlungsverlauf des Romans bestimmt.

Anschließend werden die **individuellen und gesellschaftlichen Ursachen** erarbeitet, die zum **Verfall** der einst mächtigen Familie geführt haben. Dazu sind Exkurse in psychologische und philosophische Kontexte notwendig. Die Interpretationshilfe legt dar, wie sehr das Schicksal einer Familiendynastie mit dem Zustand **einer ganzen Epoche und einer Gesellschaft** verflochten ist.

Die Interpretation ausgewählter Textstellen möchte Ihnen Anregungen zur eigenen Textanalyse geben, ein kurzer Abriss zur **Wirkungsgeschichte** und ein kommentiertes Literaturverzeichnis beschließen diese Bearbeitung.

Hans-Peter Tiemann

Einführung

Thomas Manns Roman hat das szenische Potenzial für die Bühne, die farbenprächtige Bildmacht für den Spielfilm sowie die literarische Qualität für einen Nobelpreis. Das Werk bietet fesselnde Romankunst, die bereits mehr als ein Jahrhundert überdauert hat. Eine „starke Familie“ also, diese Buddenbrooks?

Wer sich als Leser ihrem prächtigen Lübecker Bürgerhaus nähert, das sie seit Generationen dort in der Mengstraße bewohnen, wird überrascht werden, denn **Buddenbrooks sind „merkwürdige Nachbarn“**: Da wird einträchtig gefeiert, während enge Verwandte ausgesperrt bleiben. Da geben sich skurrile Gestalten als Prediger und Heiratsschwindler die Klinke in die Hand. Da hält die Kutsche des Hausarztes immer wieder vor der Tür, Särge werden herausgetragen und ein kranker Bruder poltert nachts durch die Lokale der Stadt.

Nach dem jungen Herrn kann der Beobachter die Uhr stellen, denn der verlässt sein Anwesen auf die Minute pünktlich, geschminkt wie eine Schaufensterpuppe, um ins Geschäft zu eilen, während ein verträumter kleiner Junge rastlos im verwilderten Hausgarten herumstromert.

Wer an Buddenbrooks' Türen lauscht, wird rührende Feiertagsstimmung, lauten Familienkrach, aber auch virtuose Musik vernehmen, denn die ungleichen Brüder können einander nicht ausstehen, die Schwester hat Liebeskummer und mit der Schwiegertochter ziehen schließlich die Kunst und das Schweigen ein.

Bis hierher klingt alles noch ein wenig wie das Drehbuch für eine Daily-Soap mit den Beziehungsproblemen der Familien-Patchworker unserer Tage, gäbe es da nicht den unermesslichen Reichtum, die Tradition, die philosophischen Gedanken um Leben und Tod, die turbulenten Zeitumstände und all die anderen

Dinge, die uns heutigen Lesern ein Geschehen aus dem 19. Jahrhundert so fremd erscheinen lassen.

Wer *Buddenbrooks* wirklich verstehen will, darf es also nicht beim literarischen „Blick über den Gartenzaun" belassen. Der **Leser sollte anklopfen** und mit diesen Nachbarn ins Gespräch kommen, einen **Dialog aufnehmen** und sich die Mühe machen, die Figuren nach den Motiven und Folgen ihres Handelns zu befragen, um ihrem „Absturz" aus Wohlstand und Ruhm in die Bedeutungslosigkeit auf die Spur zu kommen und das bürgerliche Selbstverständnis dieser Familie zu erschließen.

Die Lektüre wird zeigen, dass die alte Buddenbrook-Chronik längst nicht so verstaubt ist, wie sie aussieht. Denn die Familiengeschichte erzählt von gescheiterten Lebensentwürfen, von unerfüllter Liebe, von Identitätsproblemen und Fragen nach Selbstbestimmung und Selbstverwirklichung, wie sie auch heute noch aktuell sind.

Entschädigt werden die Anstrengungen der Leser durch **Thomas Manns virtuose Schreibkunst**, die sich in kleinen humorvollen satirischen Skizzen, in dramatischen Episoden und in beeindruckend plastischen Dialogen ausdrückt. Vieles klingt dabei authentisch, weil hier ein Autor schreibt, der gründlich recherchiert und konstruiert hat.

Die Lektüre wird vergessen lassen, dass man sich auf einer Zeitreise in ein fiktives Geschehen aus der Vergangenheit befindet, und der Lesergast wird das Haus der Buddenbrooks nach diesem Besuch schließlich um **ein Stück literarischer Erfahrung und Menschenbildung** reicher verlassen, „... ganz als ob man in irgend einem Geheimfach alte Familienpapiere und Briefe gefunden hätte, in denen man sich langsam nach vorn liest, bis an den Rand der eigenen Erinnerungen." (Rilke, R.M., Sämtliche Werke, Bd. 5. Frankfurt/M.: Insel 1965, S. 581)

Biografischer Hintergrund

1 Thomas Manns Leben und Werk

Am 6. Juni 1875 wurde Thomas Mann als Sohn des Kaufmanns und späteren Senators Thomas Johann Heinrich Mann (1840–1891) und dessen Frau Julia (1851–1923), geb. da Silva-Bruhns, in Lübeck geboren. Die Mutter, die aus Brasilien stammte und deren Musikalität den Jungen faszinierte, unterstützte die **künstlerischen Interessen** ihres Sohnes, sorgte dafür, dass er Klavier- und Geigenunterricht bekam, und machte ihn schon früh mit Literatur und mit der Musik Richard Wagners vertraut. Der Vater war neben dem Bürgermeister der einflussreichste Politiker des Stadtstaates Lübeck.

Zusammen mit den vier Geschwistern Heinrich (1871–1950), Julia (1877–1927), Carla (1881–1910) und Karl Victor (1890–1949) verbrachte Thomas Mann eine von ihm selbst später als „gehegt und glücklich" bezeichnete **Kindheit**.

Er besuchte zunächst eine Privatschule und wechselte dann auf das Lübecker Realgymnasium. Bereits als Schüler schrieb er für eine Schülerzeitschrift pointierte Aufsätze und Erzählungen. Über seine **Schulzeit** erzählte er später in einem Rundfunkvortrag:

> *Ich habe eine dunkle und schimpfliche Vergangenheit, so daß es mir außerordentlich peinlich ist, vor Ihrem Publikum davon zu sprechen. Erstens bin ich ein verkommener Gymnasiast. Nicht daß ich durchs Abiturexamen gefallen wäre, – es wäre Aufschneiderei, wollte ich das behaupten. Sondern ich bin überhaupt nicht bis Prima gelangt. [...] Faul, verstockt und voll liederlichen Hohns über das Ganze ... so saß ich die Jahre ab.* (Aus einem Rundfunkvortrag; Werke XI, S. 330)

Thomas Johann Heinrich Mann

Gern hätte der Vater seine Söhne Heinrich und Thomas in praktischen Berufen und später in der Firmenleitung gesehen und wollte beide von ihren literarischen Ambitionen abhalten. In seinem Testament verfügte er aber die Liquidierung des Unternehmens, dessen Kapital hinreichend Zinsen für den Unterhalt von Frau und Kindern abwarf. Nach dem Tod seines Vaters (1891) verließ Thomas das verhasste Gymnasium und folgte der Mutter und den Geschwistern nach **München**, wo er zunächst ein Volontariat bei einer Versicherungsgesellschaft aufnahm und als Neunzehnjähriger die erste Erzählung für ein kleines Honorar veröffentlichte. Voller Stolz und Selbstironie bemerkte er dazu in einem Brief an den Freund Otto Grautoff: „Ja, damit habe ich wirklich einen Bombenerfolg gehabt! Alle Welt ist so entzückt, daß es mich ordentlich rührt. [...] Du weißt ja, wie kindisch eitel ich bin!" (Briefe I, S. 26). Die Rente aus dem Familienvermögen erlaubte es ihm schließlich, sich für den Beruf des **freien Schriftstellers** zu entscheiden, eine Laufbahn, die auch sein Bruder Heinrich einschlug.

Zusammen mit dem Bruder lebte Thomas Mann in den Folgejahren wiederholt in Italien. Er zeigte sich beeindruckt von den philosophischen **Schriften Arthur Schopenhauers**, vor allem von dessen Hauptwerk „**Die Welt als Wille und Vorstellung**“, in dem Schopenhauer die Scheinhaftigkeit und die Tragik der menschlichen Existenz als Leiden am Leben reflektiert. Fasziniert war Thomas Mann zudem von **Friedrich Nietzsche** und dessen radikaler **Kritik an bürgerlich-biederen Lebensweisen**.

Neben einer Reihe von Erzählungen, die ihn später bekannt machen sollten, entstand in Italien auch der Roman „**Buddenbrooks**“.

Nach seiner Rückkehr aus Italien wurde er Mitarbeiter der Zeitschrift *Simplicissimus*. Von 1900 an leistete er seinen Militärdienst ab, aus dem er wegen Dienstuntauglichkeit entlassen wurde. Drei Jahre später erschien der Novellenband *Tristan* mit der Erzählung „**Tonio Kröger**“, die den am eigenen Leib erfahrenen **Konflikt zwischen bürgerlichem Leben und Künstlertum** thematisierte. Marcel Reich-Ranicki bezeichnete die Erzählung später als „**Keimzelle des Werks** von Thomas Mann“ und als „Bibel der Heimatlosen“ (Reich-Ranicki, S. 106, 108).

Die nach seinem Tod veröffentlichten Tagebücher zeigen, dass sich Thomas Mann schon zu jener Zeit seiner homosexuellen Neigungen bewusst war, die er jedoch aus Angst vor einem gesellschaftlichen Eklat ein Leben lang unterdrückte.

1905 **heiratete** er die wohlhabende Münchner Professorentochter **Katia Pringsheim**. Aus der Ehe gingen sechs Kinder hervor: Erika Mann (1905–1969) wurde Schriftstellerin, Kabarettistin und schließlich Nachlassverwalterin ihres Vaters, Klaus Mann (1906–1949) wurde ebenfalls Schriftsteller und starb durch Suizid, Golo (1909–1994), Monika (1910–1992), Elisabeth (1918–2002) und Michael (1919–1977) machten Karrieren als Künstler oder als Wissenschaftler. Im Rückblick auf 25 Ehejahre mit einer Frau, die für den Schriftsteller wie eine gute Sekretärin und Verwalterin seiner Geschäfte sorgte, sprach Thomas Mann später von dem „Bündnis" mit

> *der Frau, die mein Leben teilte, – dies schwierige, Geduld vor allem erfordernde, aber leicht ermüd- und verstörbare Leben, von dem ich nicht weiß, wie es sich ohne den klugen, tapferen und zart-energischen Beistand der außerordentlichen Gefährtin auch nur, wie geschehen, hätte behaupten sollen.* (Schröter, S. 77)

1906 veröffentlichte Thomas Mann mit der Schrift „**Bilse und ich**" eine **poetische Selbstreflexion**, mit der er sich energisch gegen den vor allem von Lübeckern geäußerten Vorwurf verteidigte, er habe mit den *Buddenbrooks* lediglich einen „Schlüsselroman" des Lübecker Bürgertums im 19. Jahrhundert geschrieben und dabei ehrenwerte Bürger durch eine karikierende literarische Darstellung verletzt. Dagegen erhob der Autor für sich den Anspruch, ein Dichter zu sein, dem „der Mummenschanz der Fabel gar nichts, die Seele, die **Beseelung** aber alles bedeute: Die Beseelung … da ist es, das schöne Wort! Es ist nicht die Gabe der Erfindung – die der Beseelung ist es, welche den Dichter macht." (Werke X, S. 15).

Thomas Manns berühmteste Novelle „**Der Tod in Venedig**" erschien 1912. Darin verliebt sich die Hauptfigur, der alternde Schriftsteller Gustav von Aschenbach, während seines Urlaubs in Venedig in den 14-jährigen Knaben Tadzio. Aschenbach verliert während distanzierter Beobachtungen und vorsichtiger Annäherung zunehmend die Selbstkontrolle, gibt sich seinen homoerotischen Neigungen hin und stirbt nach einer Cholera-Infektion.

Nach dem Ausbruch des Ersten Weltkriegs kam es zum heftigen Streit mit dem Bruder Heinrich. Als Reaktion auf dessen Antikriegszeitschrift *Zola* veröffentlichte Thomas Mann 1918 die „**Betrachtungen eines Unpolitischen**", deren Kernaussagen bereits um 1916 verfasst worden waren. In diesem 600-Seiten-Essay äußerte er seine **Kriegsbegeisterung** und verteidigte das Kaisertum. Mit „unpolitisch" bezeichnete er die eigene moralisch-ästhetische Haltung des Künstlers, der mit Ironie arbeiten müsse, statt mit parteinehmendem Radikalismus:

> *Ein Künstler, meine ich, bleibt bis zum letzten Hauch ein Abenteurer des Gefühls und des Geistes, zur Abwegigkeit und zum Abgrunde geneigt, dem Gefährlich-Schädlichen offen. Seine Aufgabe selbst bedingt seelisch-geistige Freizügigkeit, sie verlangt von ihm Zuhause-Sein in vielen und auch schlimmen Welten, sie duldet keine Seßhaftigkeit in irgendwelcher Wahrheit und keine Tugendwürde.* (Schriften und Reden, Bd. 1, S. 300)

Den Typus des politisch engagierten Schriftstellers hingegen bezeichnete er als „**Zivilisationsliteraten**" und warf ihm „**Moralbonzentum**" und Weltverbesserungsdrang vor. Damit griff er seinen Bruder Heinrich an, der sich im satirischen Roman *Der Untertan* über den deutschen Obrigkeitsstaat lustig gemacht und den gehorsam-spießigen Bürger karikiert hatte. Erst 1922 söhnten sich die Brüder aus.

Von einem **gewandelten politischen Verständnis** zeugten die im gleichen Jahr gehaltene Rede Thomas Manns *Von deutscher Republik* sowie die Gedächtnis-Rede auf den von radikalen Rechten ermordeten Walther Rathenau *Geist und Wesen der deutschen Republik.* Hier trat er als politischer Mahner und vehementer **Befürworter der Republik** auf, indem er die Nähe zwischen Kultur, Republik und Demokratie gegen die nationalkonservative Mehrheitsmeinung vieler politischer Repräsentanten seiner Zeit betonte. So formulierte er: „Die Republik, das ist, wenn Sie mir die Definition freigeben wollen, die Einheit von

Staat und Kultur. Es gibt keinen höheren politischen Gedanken" (Reden und Aufsätze 2, S. 54).

1924 erschien der Roman **„Der Zauberberg"**, an dem Thomas Mann von 1913 bis 1924 gearbeitet hatte. Darin verarbeitete der Autor die Eindrücke von einem Davoser Lungensanatorium, in dem seine Frau 1912 wegen des Verdachts auf Tuberkulose einen mehrmonatigen Kuraufenthalt verbracht hatte. Ursprünglich wollte Thomas Mann ein „humoristisches Gegenstück" zu seiner Erzählung *Der Tod in Venedig* schaffen. Aus dem auf zwei Bände angewachsenen Werk wurde jedoch ein **komplexer Zeitroman**, der die morbiden bürgerlichen Lebens- und Denkformen der Vorkriegszeit anhand eines teils skurrilen Personals in der abgelegenen Welt des Zauberbergs entfaltete.

In den Folgejahren ergaben sich für Thomas Mann zahlreiche **Kontakte zu anderen Schriftstellern**. So lernte er Gerhart Hauptmann kennen, mit dem er die Ferien auf der Insel Hiddensee verbrachte, er unternahm Reisen nach Holland, England, Frankreich und Polen, wurde von Hermann Hesse besucht und erhielt zur 700-Jahrfeier seiner Geburtsstadt Lübeck den Professoren-Titel durch den Senat.

1929 wurde Thomas Mann der **Nobelpreis für Literatur** für seinen Roman *Buddenbrooks* zuerkannt, eine Auszeichnung, die ihn zu neuem gesellschaftspolitischen Engagement vor allem gegen den aufkommenden Nationalsozialismus ermutigte. Im Jahr darauf erschien die Novelle *Mario und der Zauberer*, die zahlreiche kritische Anspielungen auf faschistisches Denken enthält. In seiner 1930 in Bonn gehaltenen Rede *Deutsche Ansprache. Ein Appell an die Vernunft* kritisierte Thomas Mann den **Nationalsozialismus** mit deutlichen Worten:

Der exzentrischen Seelenlage einer der Idee entlaufenen Menschheit entspricht eine Politik im Groteskstil mit Heilsarmee-Allüre, Massenkrampf, Budengeläut, Halleluja und derwischmäßigem Wiederholen monotoner Schlagworte, bis alles Schaum vor dem Munde hat. Fanatismus wird Heilsprinzip, Begeisterung epileptische Extase, Politik wird zum Massenopiat des Dritten Reiches [...] und die Vernunft verhüllt ihr Antlitz. (Schriften und Reden, Bd. 2, S. 193)

Unter das vornehmlich republikanische und sozialdemokratische Publikum hatten sich auch pöbelnde SA-Leute gemischt, die versuchten, durch Zwischenrufe zu stören. Schließlich musste Thomas Mann von seinem Freund Bruno Walter durch einen Hinterausgang des Saales in Sicherheit gebracht werden.

1929 nahm Thomas Mann (erste Reihe rechts) in Stockholm den Nobelpreis entgegen.

Als die Nationalsozialisten **1933** die Macht in Deutschland übernahmen, befand sich Thomas Mann in Begleitung seiner Frau und Kinder auf einer **Lesereise in der Schweiz**. Ursprünglich hatte die Familie nach München zurückkehren wollen, entschloss sich jedoch, nachdem die Eltern von Klaus und Erika gewarnt worden waren, zur **Emigration** und ließ sich einige Besitztümer nach Zürich nachschicken. Auf der Suche nach einem Wohnsitz wurde schließlich ein Haus in Küsnacht am Zürichsee gemietet, wo die Familie für die nächsten fünf

Jahre bleiben sollte. Hier beendete Thomas Mann seine in den späten 1920ern begonnene Romantetralogie „**Joseph und seine Brüder**“, die zunächst in Deutschland, später nur noch im Ausland veröffentlicht wurde.

Er überschrieb sein Tagebuch der Folgezeit mit „**Leiden an Deutschland**“, verfasste zahlreiche Manifeste und Vorträge, wurde jedoch im Schweizer Exil nicht heimisch. Im Dezember **1936** erhielt er die Nachricht von seiner **Ausbürgerung aus Deutschland**, die später von ihm als „nationale Exkommunikation“ bezeichnet wurde. Noch im gleichen Jahr nahm Thomas Mann das Angebot der tschechoslowakischen Staatsbürgerschaft an. Als ihm die Doktorwürde der Universität Bonn aberkannt wurde, reagierte er mit einem im Ausland vielbeachteten und in zahlreiche Sprachen übersetzten **Briefwechsel mit Bonn**, in dem es hieß, er sei „weit eher zum **Repräsentanten** geboren als zum Märtyrer“, eine Rollenzuschreibung, die ihm sein Leben lang anhaften sollte.

Nach einer ersten Reise in die USA im Jahr 1934 wurde ihm 1935 die Ehrendoktorwürde der Harvard Universität zuerkannt. Bei dieser Gelegenheit lernte er den amerikanischen Präsidenten Roosevelt kennen. Im Frühjahr 1938 begann Thomas Mann eine **Lecture-Tour durch 15 Städte der USA** und beschloss, in die Vereinigten Staaten überzusiedeln und eine **Professur an der Universität in Princeton** anzunehmen. Als er kurz nach seiner Ankunft von Reportern gefragt wurde, ob er das Exil als Last empfinde, antwortete er: „Where I am, there is Germany. I carry my German culture in me.“

Von 1940 an wandte er sich in monatlichen Radiosendungen bis zum Ende des Zweiten Weltkriegs an „**Deutsche Hörer!**“ Die Familie kaufte ein Haus in Pacific Palisades bei Los Angeles, wo sich bereits andere deutsche Autoren im Exil niedergelassen hatten. Im Mai 1944 nahmen Katia und Thomas Mann die amerikanische Staatsbürgerschaft an.

Thomas Manns Zwiespalt

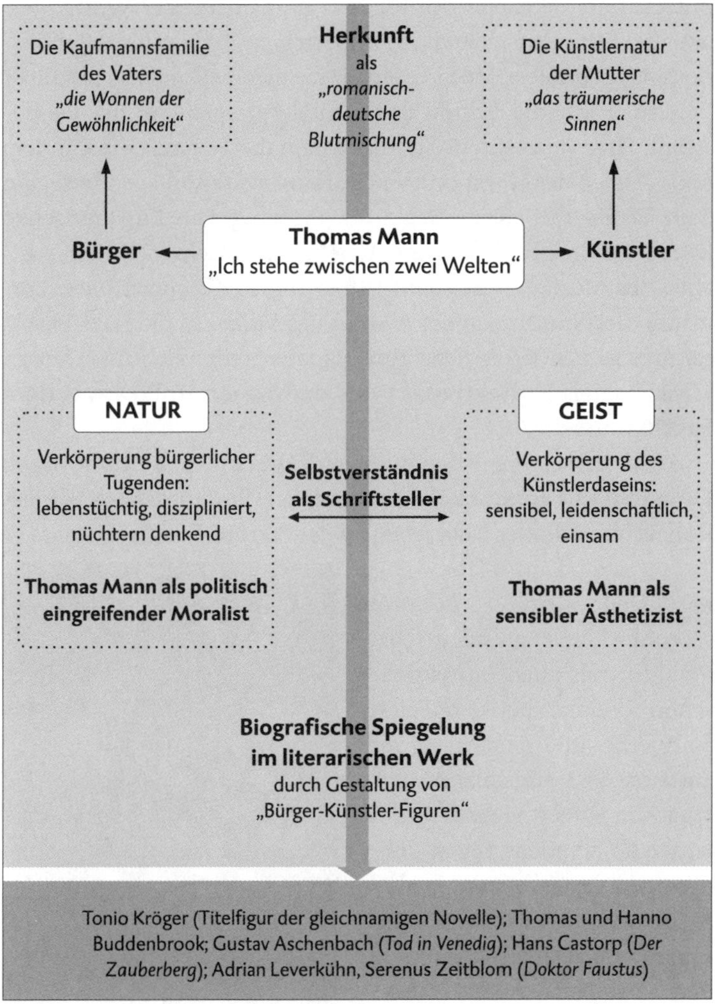

Während dieser Zeit wuchs der Schriftsteller in die Rolle eines Botschafters deutscher Kultur und humanistischer Werte, verurteilte Nazideutschland in zahlreichen Reden und Publikationen. Zentrales Motiv seines nächsten Romans **„Doktor Faustus"** war die Schuld des Künstlers gegenüber der Gesellschaft. Hier verarbeitete Thomas Mann das Faust-Thema, indem er das Leben des Komponisten Adrian Leverkühn schilderte, der dem Teufel die eigene Seele im Tausch gegen künstlerischen Erfolg und gesellschaftliches Ansehen vermacht. Mit dem Aufstieg des Musikers und dem Erfolg seiner Kompositionen korrespondiert im Roman der Abstieg des Volkes in die Nazi-Barbarei und in den Krieg. Der **Teufelspakt** stellte sich für Thomas Mann hier als **Kollektivpakt des deutschen Volkes mit dem Faschismus** dar.

Auch in seinem offenen Brief **„Warum ich nicht nach Deutschland zurückkehre"** vertrat er 1945 die These von der Kollektivschuld der Deutschen an den Verbrechen des Krieges.

Erstmalig kam Mann 1949 nach Deutschland zurück, um sowohl im westdeutschen Frankfurt als auch im ostdeutschen Weimar bei den Feiern zu Goethes 200. Geburtstag aufzutreten. In Deutschland selbst sprachen jedoch viele dem Exilanten ab, über das Leben unter dem Hitlerfaschismus überhaupt urteilen zu können. Auch seine lapidare Bemerkung zu den Bombardierungen deutscher Städte, alles müsse bezahlt werden, nahm man ihm in Deutschland lange Zeit übel.

Thomas und Katia Mann in Frankfurt bei der Verleihung des Goethe-Preises 1949

Da er auch den sowjetisch besetzten Teil Deutschlands besucht hatte, wurde er nach seiner Rückkehr in die USA zahlreichen Befragungen des ‚**Büros für unamerikanische Umtriebe**' ausgesetzt und vor dem Repräsentantenhaus als einer der „weltweit bedeutendsten Verteidiger von Stalin und Genossen" bezeichnet. Im Juni 1952 kehrten Thomas und Katia Mann mit Tochter Erika in die Schweiz zurück, wo sie ab 1954 in einer Villa in Kilchberg am Zürichsee lebten. Thomas Mann setzte dort die Arbeit an seinem Roman *Die Bekenntnisse des Hochstaplers Felix Krull* fort, der 1954 unvollendet veröffentlicht wurde.

Ein letzter Besuch führte ihn 1954 in seine Heimatstadt Lübeck, wo er als berühmter Sohn der Stadt zum Ehrenbürger ernannt und gefeiert wurde. Kurz nach seinem 80. Geburtstag musste er einen Urlaub in den Niederlanden unterbrechen, um sich mit einer Thrombose in ein Züricher Krankenhaus zu begeben. Dort starb Thomas Mann am 12. August 1955.

2 Zur Entstehung des Romans

Drei Impulse mögen den jungen Thomas Mann zur Arbeit an *Buddenbrooks* angeregt haben:

- Der **Wunsch eines Verlegers**, der bereits einige Novellen und Skizzen von Thomas Mann veröffentlicht hatte, nun auch einen **großen Roman** des jungen Talents zu publizieren.
- Die **familiären Lebensumstände** des Autors, der selbst einer Kaufmannsfamilie angehörte, deren ökonomische Tradition von ihm und seinem Bruder Heinrich nicht fortgeführt werden konnte, weil künstlerisch-literarische Ambitionen an die Stelle nüchternen Geschäftssinnes getreten waren.
- Das Interesse an der literarischen Ausformung und Zuspitzung des Niederganges einer Familie, wobei das **Dekadenz-Thema** besonders bei ihren letzten Repräsentanten hervortritt.

Als Zweiundzwanzigjähriger erhielt Thomas Mann im Mai 1897 einen Brief seines Verlegers Samuel Fischer, der ihm schrieb: „Sehr geehrter Herr Mann! Ihren Novellenband will ich gern verlegen. [...] ich würde mich aber freuen, wenn Sie mir Gelegenheit geben würden, **ein größeres Prosawerk** von Ihnen zu veröffentlichen, vielleicht einen Roman ..." (zit. n. Kommentar, S. 10) Ein paar Monate später schrieb Thomas Mann aus Italien, wo er sich zusammen mit seinem Bruder Heinrich aufhielt, an den Jugendfreund Otto Grautoff: „Das Neueste ist, dass ich einen Roman vorbereite, einen großen Roman – was sagst du dazu?" (zit. n. Kommentar, S. 14) Er teilte Grautoff mit, dass er einen „Stoff entdeckt" habe und dem Projekt erst einmal den Titel **„Abwärts"** geben möchte, ein Motiv, das später im Untertitel des Romans als **„Verfall einer Familie"** auftauchen wird.

Für Thomas Mann war Literatur von Anfang an eng verknüpft mit der eigenen Biografie und Befindlichkeit. So hieß es in einem weiteren Brief an den Freund: „Seit dem *Kleinen Herrn Friedemann* [Titel einer Novelle] vermag ich plötzlich die diskreten Formen und Masken zu finden, in denen ich mit meinen Erlebnissen unter die Leute gehen kann." (Briefe I, S. 56) Zwanzig Jahre darauf skizzierte der Autor rückblickend die Entstehungsgeschichte der *Buddenbrooks* in einer Rede vor Lübecker Bürgern:

Julia Mann mit ihren Kindern Julia, Heinrich und Thomas (um 1880)

Und so ging ich denn an ein Notizenmachen, ein Entwerfen chronologischer Schemata und genauer Stammbäume, ein Sammeln psychologischer Pointen und gegenständlichen Mate-

> *rials […]. Ich wußte nicht genug, ich wandte mich mit allerlei geschäftlichen, städtischen, wirtschaftsgeschichtlichen, politischen Fragen nach Lübeck, an einen nun längst verstorbenen Verwandten, einen Vetter meines Vaters […].* (zit. n. Kommentar, S. 19 f.)

Informationen über die **Geschichte der eigenen Familie** erhielt Thomas Mann zudem von seiner Schwester Julia, die ihm einen ausführlichen Bericht zukommen ließ. Seine Mutter schickte ihm ein Kochrezept, es entstanden **Personenlisten und Handlungspläne**. Die Vorarbeiten zeigen, wie umfangreich, planvoll und kalkuliert hier die historischen und familiären Bezüge für ein literarisches Werk recherchiert wurden. Zudem wird deutlich, dass es Thomas Mann um die Rekonstruktion wesentlicher Elemente der eigenen Familiengeschichte und damit um die **Reflexion der eigenen Herkunft** und um **Selbsterforschung** ging. Später notierte er dazu:

> *Mein eigentliches Erlebnis […], das mich in den Stand setzte, der Literatur ein für die Geschichte des deutschen Bürgertums charakteristisches Werk zu geben, war die „Entartung" einer solchen alten und echten Bürgerlichkeit ins Subjektiv-Künstlerische: ein Erlebnis und Problem der Überfeinerung und Enttüchtigung, nicht der Verhärtung: ein Lebensprozeß, dem ich nicht nur als irgendwie Zeitgenosse kritisch anwohnte, sondern den unmittelbar und tief anzuschauen ich geboren war. Mit einem Worte: Was ich erlebte und gestaltete – aber ich erlebte es wohl erst,* indem *ich es gestaltete –, das war* auch *eine Entwicklung und Modernisierung des Bürgers, aber nicht seine Entwicklung zum Bourgeois, sondern seine Entwicklung zum* Künstler. (Werke XII, S. 139 f.)

Romanfiguren wurden **nach realen Vorbildern** konstruiert, oft lagen dem Autor nur Bilder vor. Er verlieh seinem Text damit den **Anschein des Authentischen**, wobei zahlreiche Lübecker

Bürger und Angehörige der Familie Mann sich später im Roman wiederzuerkennen glaubten und teilweise empört reagierten.

Im Mittelpunkt des Interesses stand zunächst die Figur des Hanno Buddenbrook, wie der Autor später betonte:

> *[...] während ich mich eigentlich für die Geschichte des sensitiven Spätlings Hanno und allenfalls noch für die des Thomas Buddenbrook interessiert hatte, nahm all das, was ich als Vorgeschichte behandeln zu können geglaubt hatte, sehr selbständige, sehr eigenberechtigte Gestalt an [...].* (zit. n. Kommentar, S. 21)

Zu den weiteren **Motivkomplexen** gehören **das rivalisierende Brüderpaar** und die **Nachzeichnung eines Degenerationsprozesses**, wozu es in einem Brief an den Freund Otto Grautoff im Mai 1895 heißt: „Das nennt man Degeneration. Aber ich finde es verteufelt nett." (zit. n. Kommentar, S. 21)

Schon sehr früh standen für Thomas Mann der **Handlungsrahmen** des Romans und mit ihm sogar die ersten gesprochenen Worte und die Schlussbemerkung der Sesemi Weichbrodt „Es ist so!" fest. Der Roman *Buddenbrooks* war also keineswegs Ergebnis einer allmählichen Gestaltung und Veränderung, vielmehr die planvolle Ausformung eines schon sehr früh auf etwa 250 Seiten konzipierten Werkes mit durchkomponiertem Handlungsgerüst, wie diese **Kapitelüberschriften** aus den ersten Notizen des Autors deutlich machen:

> *(1) Das neue Haus. Festessen. Brief von Gotthold. (2) Geburt der Maria. Die Kinder. (3) Antonies erste Verlobung. Christian nach London. (4) Erikas Geburt und Antonies erste Scheidung. (5) Thomas und Maria heiraten. (6) Antonies zweite Verlobung. Christian zu Hause. (7) Antonies zweite Scheidung. (8) Geburt des kleinen Johann und Th.'s Wahl zum Senator. (9) Erika heiratet. (10) Geschäftsjubiläum. (11) Prozeß und Verhaftung des Direktors. (12) Die Konsulin stirbt. Hausverkauf. (13) Thomas stirbt. (14) Der kleine Johann stirbt.* (zit. n. Kommentar, S. 91)

Im autobiografischen Bericht *On myself* von 1940 erwähnte Thomas Mann, dass die Arbeit an den *Buddenbrooks* für ihn eine Belastung war: „die ich nur mit zusammengebissenen Zähnen und höchster Anstrengung bewältigen konnte – indem ich nach Stütze und Hilfe bei den **Riesen des zu Ende gehenden Jahrhunderts** suchte.“ (zit. n. Kommentar, S. 38) Gemeint sind damit die von Thomas Mann als **literarische Vorbilder** geschätzten europäischen Schriftsteller Fontane, Ibsen, Tolstoi, Turgenjew, Gontscharow, Zola, die Brüder Concourt, Dickens sowie der Amerikaner Edgar Allan Poe.

Neben diesen Literaten spielte für das Romanprojekt das Werk des Komponisten **Richard Wagner**, das er als Stimulus für seinen Kunsttrieb betrachtete, eine sehr wichtige Rolle, wie Thomas Mann 1908 notierte: „Den **tiefsten künstlerischen Einfluß** hat zweifellos Richard Wagner auf mich ausgeübt – ein Einfluß, der sich wenigstens in der Compositionsart von *Buddenbrooks* nicht verleugnet.“ (zit. n. Kommentar, S. 34) Thomas Mann setzte die **Idee des Wagnerschen Leitmotivs** auf virtuose Weise im Roman um. Hinzu kamen philosophische Ideen von **Arthur Schopenhauer** und **Friedrich Nietzsche**, die der junge Autor mit Begeisterung rezipierte und denen er im Roman literarische Gestalt gab.

Von April 1898 an führte Thomas Mann die Arbeit am Roman in München fort und schloss sie im Juli 1900 ab. Im *Lebensabriß* von 1930 erinnerte er sich:

Das Manuskript ging an Fischer [...]. Ich weiß noch, wie ich es verpackte: so ungeschickt, daß ich mir heißen Siegellack auf die

Hand fallen ließ und eine fürchterliche Brandblase davontrug, die mich lange quälte. Das Manuskript war unmöglich, doppelseitig geschrieben – ich hatte es ursprünglich abschreiben wollen, aber später, da der Umfang überhand genommen hatte, darauf verzichtet –, täuschte es über seinen Umfang, stellte aber für Lektoren und Setzer eine starke Zumutung dar. (zit. n. Kommentar, S. 78)

In den Monaten darauf erhielt Thomas Mann zunächst eine eher **negative Reaktion des Verlags:**

Ich bin jetzt übel daran, denn die Sorgen, die „Buddenbrooks" mir machen, scheinen jetzt, da sie fertig sind, erst recht zu beginnen. [...] Nach einigen Elogen und Einwänden kommt er [Fischer] zu dem Schluß, daß er, wenn ich das Buch auf die Hälfte zusammenstreichen wollte, sehr geneigt sei, es zu verlegen. (zit. n. Kommentar, S. 81)

Tatsächlich verlangte Samuel Fischer die Kürzung des Manuskripts auf die Hälfte mit dieser Begründung:

Ein Roman von 65 ausgedruckten Bogen ist für unser heutiges Leben fast eine Unmöglichkeit; ich glaube nicht, ob sich viele Menschen finden, die Zeit und Concentrationslust haben, um ein Romanwerk von diesem Umfang in sich aufzunehmen. (zit. n. Mendelssohn, S. 402)

Schließlich aber kämpfte der junge Autor erfolgreich um die Unversehrtheit seines Werkes, sodass der Roman am **26. Februar 1901** ungekürzt zweibändig in einer **Auflage von 1 000 Exemplaren** erscheinen konnte.

Inhaltsangabe

1. Teil (Oktober 1835)

Dem Leser begegnen zu Beginn des Romans drei Generationen der Familie Buddenbrook: Der siebzigjährige Johann der Ältere und seine Frau Antoinette laden Verwandte und Freunde zur Einweihung ihres Hauses in der Mengstraße ein, das sie kurz zuvor von der in den Konkurs gegangenen Familie Ratenkamp erworben haben. Sohn Johann (Jean) Buddenbrook und dessen Frau Elisabeth, geborene Kröger – der Konsul und die Konsulin – sind mit ihrer Tochter Tony (8 Jahre) anwesend, die beiden Söhne Christian (7 Jahre) und Thomas (10 Jahre) kommen dazu. Man findet sich im Speisesaal zum Essen ein, wobei einige weitere Gäste auftreten, die dem gehobenen Bürgertum der Stadt angehören. Die Situation wird getrübt durch einen Brief Gotthold Buddenbrooks, eines Sohnes aus der ersten Ehe des älteren Johann. Wegen einer unstandesgemäßen Ehe hat der Vater die Beziehung zu Gotthold vor Jahren abgebrochen. Der meldet nun Ansprüche auf ein Familienerbe an, die jedoch zurückgewiesen werden.

Das üppige Essen und ein Rundgang durchs Haus lassen den Wohlstand der Familie erkennen, der auf Geschäftserfolgen der Firma Buddenbrook im Getreidehandel gründet. Der Romananfang zeigt zudem den Zusammenhalt der Familie und lässt einen ersten Blick auf Charakterstrukturen der Figuren zu: Johann Buddenbrook der Ältere tritt als traditionsbewusster, prinzipientreuer Geschäftsmann und autoritäres Familienoberhaupt auf. Sein Sohn Jean Buddenbrook handelt selbst nach dem „bete und arbeite", das er seiner kecken Tochter Tony verordnet, zeigt eine christliche Orientierung, lebt Frömmigkeit und beweist

Disziplin in geschäftlichen Dingen. Seine Frau Elisabeth ist eine äußerst elegante Erscheinung, Thomas, dem schon hier eine Kaufmannskarriere vorgezeichnet scheint, stellt sich als „ernster Kopf", wohlerzogen und nachdenklich dar, sein Bruder Christian gibt sich dagegen als schauspielernder „Tausendsassa", polternd, parodierend, aber zugleich kränkelnd.

2. Teil (April 1838–1842)

Jean Buddenbrook bilanziert im April 1838 sein Leben, als er in der Familienchronik die Geburt seiner Tochter Clara vermerkt. Während er die Aufzeichnungen liest, denkt er über seine Ehe mit Elisabeth (Bethsy) nach, die als Vernunftehe vom Vater gestiftet worden war, um der Firma Kapital zuzuführen. Beiläufig wird dem Leser die Familien- und Firmengeschichte der Buddenbrooks vom Ende des 16. Jahrhunderts an vermittelt.

Mit der Familie Hagenström, den Inhabern der Exportfirma Strunck & Hagenström, deren Kapital sich aus dem Vermögen einer reichen jüdischen Familie aus Frankfurt speist, sind den Buddenbrooks mittlerweile in der Stadt Konkurrenten erwachsen. Als Hagenströms Sohn Hermann versucht, von Tony einen Kuss zu erpressen, kommt es zu einer Rauferei auf dem Schulweg. Tony kündigt anschließend die Freundschaft mit Hermanns Schwester Julchen und bewegt sich voller Stolz auf ihre Herkunft in der Stadt wie eine „kleine Königin".

1842 sterben Jeans Mutter Antoinette Buddenbrook und wenige Monate später auch sein Vater Johann. Jean, nun alleiniger Inhaber der Firma, übernimmt seinen sechszehnjährigen Sohn Thomas als Lehrling. Der beweist von Beginn an Disziplin, Fleiß und Sachverstand.

Das Unternehmen steht jedoch finanziell nicht so gut da, wie es scheint: Hauskauf und Auszahlungen an Verwandte haben das ursprüngliche Familienvermögen von 900 000 Courantmark auf 520 000 Courantmark verringert.

Der Stammbaum der Buddenbrooks

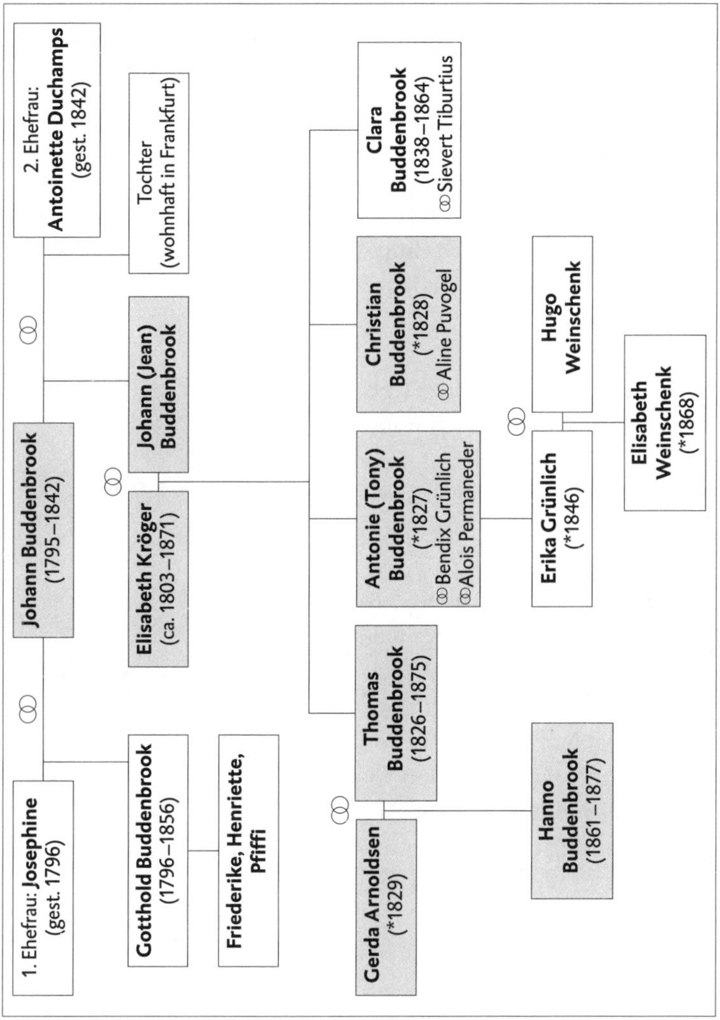

Der vierzehnjährige Christian Buddenbrook provoziert einen kleinen Skandal, als er einer von ihm verehrten Schauspielerin des Stadttheaters Blumen in die Garderobe bringt und dort auf den Geliebten der Dame trifft. Tony wird zur Erziehung in das Mädchenpensionat der kleinwüchsigen Therese (Sesemi) Weichbrodt geschickt, nachdem bekannt geworden ist, dass sie mit einem Gymnasiasten heimlich spazieren geht und Briefe austauscht. Hier verlebt sie in strenger Umgebung mit ihren Freundinnen Armgard von Schilling und Gerda Arnoldsen eine glückliche Zeit voller Zukunftspläne und Heiratsfantasien.

3. Teil (Juni 1845–1846)

Drei Jahre sind vergangen. Tony Buddenbrook soll den Hamburger Geschäftsmann Bendix Grünlich heiraten, der hartnäckig um sie wirbt. Ihre Eltern halten ihn für einen christlichen, gebildeten und vermögenden Menschen und drängen gegen Tonys erbitterten Widerstand auf diese Heirat. Tony findet Grünlich abstoßend und „falsch“ und wird von den Eltern schließlich zur Erholung und Besinnung nach Travemünde geschickt, wo sie sich in den jungen Medizinstudenten Morten Schwarzkopf verliebt, der ihr mit seinen politischen Freiheitsideen, seinen Klagen über Zensur und Adelsprivilegien imponiert. Morten wird von Tonys Familie jedoch als nicht standesgemäß abgelehnt und Thomas holt die Schwester zurück nach Hause. Tony gibt schließlich aus einem Gefühl der Ver-

Tony (Liselotte Pulver) flirtet mit Morten Schwarzkopf (Horst Janson); Szene aus der Weidenmann-Verfilmung von 1959

pflichtung der Familientradition gegenüber nach, demonstriert dabei ein neues Selbstbewusstsein und willigt in die Heirat mit Grünlich ein. Die Mitgift wird zwischen dem Konsul und dem künftigen Ehemann ausgehandelt. Ansehen und Vermögen scheinen gewahrt, die Hochzeit findet Anfang 1846 statt. Bevor Thomas nach Amsterdam abreist, um dort seine kaufmännische Ausbildung fortzusetzen, beendet er die Liebesbeziehung mit Anna, einem einfachen Mädchen aus einem Blumenladen.

4. Teil (April 1846 – Sommer 1855)

In ihren Briefen aus Hamburg teilt Tony den Eltern mit, dass sie ein Kind erwartet. Thomas befindet sich noch in Amsterdam. Im Brief des Vaters an ihn werden die derzeit stagnierenden Geschäfte und die erstarkende Konkurrenz der Hagenströms erwähnt. Jean legt seinem Sohn jedoch das überlieferte Unternehmerethos der Buddenbrooks nahe, am Tage nur solche Geschäfte zu tätigen, dass man bei Nacht ruhig schlafen könne.

Die Revolution von 1848 schlägt sich in Lübeck in Straßenkrawallen und in der Auflehnung gegen Autoritäten nieder. Buddenbrooks' Köchin wird, nachdem sie sich ungehorsam gezeigt hat, von der Familie entlassen. Eine demonstrierende Menge zieht zur Bürgerschaft und wird vom Konsul, der sich väterlich vermittelnd im Dialekt an die Arbeiter wendet, besänftigt. Am selben Tag stirbt Jeans Schwiegervater, der alte Kröger, nachdem er auf der Heimfahrt von der Bürgerschaft in der Kutsche von einem Stein am Kopf getroffen worden ist.

Im Jahr darauf kommt es zwischen Bendix Grünlich und Tony zu einem Ehestreit, in dessen Verlauf Grünlichs prekäre finanzielle Situation angedeutet wird. Jean erfährt vom Bankrott seines Schwiegersohns, der Tony nur geheiratet hat, um sich finanziell zu sanieren. Der Vater holt die Tochter mit deren Kind Erika aus Hamburg zurück und man veranlasst die Scheidung. Der Konsul sorgt sich in der Folgezeit um seinen Sohn Christian, der in Chile kaufmännisch tätig werden soll, aber stattdessen größeres Interesse für das Theater und für andere Zerstreuungen zeigt.

Tony lebt als geschiedene Frau weiterhin im Elternhaus, wohin Vater und Mutter immer wieder Geistliche einladen und eine Kultur der Frömmigkeit pflegen. Im September 1855 stirbt überraschend der Konsul.

5. Teil (Herbst 1855 – März 1857)

Die Testamentseröffnung nach dem Tod des Konsuls offenbart ein beachtliches Vermögen und damit eine für Thomas Buddenbrook günstige finanzielle Situation. Christian, der immer wieder Anzeichen von Hypochondrie und Überspanntheit zeigt, kommt aus Chile zurück und tritt vorübergehend als Prokurist in die Firma ein, zeigt sich jedoch selten am Arbeitsplatz, eher im Klub, dessen Gäste er mit seinen Geschichten und Parodien unterhält. Clara, die jüngste Tochter der Buddenbrooks, heiratet einen frommen Mann, Pastor Tiburtius aus Riga. Thomas begibt sich auf eine Geschäftsreise nach Amsterdam und kündigt in einem Brief an die Mutter stolz seine Verlobung mit der Millionärstochter Gerda Arnoldsen an, einer Person von außerordentlicher Schönheit und musikalischem Talent, die mit Tony im Pensionat der Sesemi Weichbrodt erzogen worden ist.

Buddenbrooks verbringen einen glücklichen Sommer: Gerda und Thomas unternehmen eine Hochzeitsreise nach Florenz und beziehen anschließend ihr von Tony kostbar eingerichtetes Haus in der Breitenstraße. Das vermeintliche Idyll wird jedoch von einigen Entwicklungen getrübt: Thomas setzt sich mit seinem Ehrgeiz, seinem Hang zur Extravaganz und zur Selbstdarstellung von der einfachen Lebensweise des Vaters ab, Gerda wirkt als markante Künstlernatur wie ein Fremdkörper in der Lübecker Umgebung und schließlich kommt es immer wieder zu Streitigkeiten zwischen den Brüdern Christian und Thomas.

6. Teil (Frühjahr 1857– Winter 1859)

Tony lernt in München, wo sie eine Freundin besucht, Alois Permaneder, den Teilhaber einer Hopfenhandlung, kennen.

Die Auseinandersetzungen zwischen Thomas und Christian eskalieren. Der exaltierte Bruder leidet unter immer neuen Krankheiten, unterhält eine Liebesbeziehung mit der in der Stadt verrufenen Aline Puvogel und macht sich mit seinen Eskapaden in der Öffentlichkeit lächerlich. Nachdem er behauptet hat, bei Lichte besehen sei jeder Geschäftsmann ein Gauner, kommt es zu einem heftigen Streit mit dem Bruder, sodass Christian schließlich die Firma verlässt, um sich mit seinem Erbteil in Hamburg selbstständig zu machen.

Tony heiratet Herrn Permaneder und zieht zu ihm nach München. Ihre Mitgift versetzt ihn zum Kummer seiner Frau in die Lage, sich von seinen Geschäften zurückzuziehen. Tony wird schwanger, ihre Tochter stirbt jedoch kurz nach der Geburt. Eines Nachts überrascht sie Permaneder bei einem Seitensprung. Enttäuscht kehrt sie nach Lübeck zurück, hat es dort jedoch schwer, nach zwei gescheiterten Ehen ihr gesellschaftliches Ansehen wiederzuerlangen. Permaneder willigt umgehend in die Scheidung ein und erstattet die Mitgift.

7. Teil (Frühjahr 1861– Winter 1865)

Thomas und Gerda Buddenbrook begehen die Taufe ihres Sohnes Hanno. Der Bürgermeister übernimmt die Patenschaft. Schließlich erreicht Thomas den gesellschaftlichen Zenit: Er wird zum Senator gewählt und sticht damit seinen Konkurrenten Hagenström aus, man bezieht ein neues luxuriöses Haus in der Fischergrube. Doch auch die Zeichen des Verfalls sind nicht zu übersehen: Hanno scheint in seiner körperlichen Entwicklung zurückzubleiben, Christian kehrt krank aus London zurück, Clara stirbt. Ihr Tod löst einen heftigen Streit um Finanzen zwischen Thomas und seiner Mutter aus. Zudem führen ein schlechtes Geschäft mit Getreide und das Kriegsgeschehen zu weiteren massiven finanziellen Verlusten. Im Haus werden im Vorfeld des Deutschen Krieges (Preußen gegen Österreich) preußische Soldaten einquartiert, Thomas wirkt nervös und ruhelos und scheint bereits zu ahnen, dass weiteres Unheil auf die Familie zukommt.

Die Familie feiert die Geburt des Stammhalters Hanno. Szenenbild aus der TV-Verfilmung von Franz-Peter Wirth von 1979.

8. Teil (1866–1869)

Tonys Tochter Erika heiratet Hugo Weinschenk, den Direktor einer Versicherungsgesellschaft, bei dem sie sich jedoch nicht wohlfühlt. Weinschenk macht betrügerische Geschäfte und muss dafür eine Gefängnisstrafe absitzen. Buddenbrooks feiern das hundertjährige Firmenjubiläum. Während Thomas die Diskrepanz zwischen äußerlichem Prunk und tatsächlicher Erschöpfung wahrnimmt, plädiert Tony dafür, sich selbstbewusst vor der Gesellschaft zu präsentieren. Am Tag des Firmenjubiläums, dem 7. Juli 1868, erhält Thomas ein Telegramm, in dem ihm mitgeteilt wird, dass eine Getreideernte, die er zuvor auf Anraten von Tony gekauft hatte, vom Hagel vernichtet wurde. Thomas erleidet einen Schwächeanfall und bricht angewidert von den lauten Festlichkeiten zusammen.

Der Organist Pfühl kommt ins Haus und führt eine Unterhaltung mit Gerda über die Musik Richard Wagners. Hanno belauscht das Gespräch mit Interesse. Er lernt bereits mit sieben Jahren Klavier spielen und erweist sich als ein sehr sensibles, verträumtes Kind. Dem Vater behagt das nicht. Thomas Buddenbrook führt die Haltung seines Sohnes auf den negativen Einfluss der Musik zurück, versucht den Jungen ständig zu examinieren und zum Geschäftsmann zu erziehen, was ihm jedoch nicht gelingt. Zahnschmerzen und Konzentrationsprobleme machen dem Kind zu schaffen, allein mit dem vermeintlich verwahrlosten Kai Graf Mölln, der aus einer verarmten adeligen Familie stammt, freundet er sich an. Als Hanno die Familienchronik entdeckt, zieht er einen Doppelstrich unter seinen Namen und teilt dem erzürnten Vater mit, er sei der Meinung gewesen, dass nach ihm nichts mehr komme.

9. Teil (1871–1872)

Nach dem Ende des Deutsch-Französischen Krieges erkrankt die Konsulin Bethsy an einer Lungenentzündung, an der sie qualvoll stirbt. Thomas und Christian geraten in einen heftigen Streit über das Familienerbe, in dessen Verlauf der jüngere Bruder mitteilt, er wolle Aline Puvogel heiraten und habe seine Pläne bisher nur aus Rücksicht vor der Mutter verschwiegen. Thomas reagiert entrüstet, befürchtet eine Beschädigung des guten Namens der Buddenbrooks und mögliche finanzielle Einbußen. Er verbietet Christian die Heirat und droht schließlich, ihn entmündigen zu lassen.

Eine Woche nach der Trauerfeier verhandelt Thomas mit dem Makler Gosch über den Verkauf des Elternhauses in der Mengstraße. Als Käufer tritt Buddenbrooks' Konkurrent Heinrich Hagenström auf, der sich als erfolgreicher Kaufmann mit dem historischen Bauwerk nun auch ein Stück Tradition sichern kann. Tony ist empört, muss jedoch tatenlos zusehen, wie der verhasste Hagenström ihr geliebtes Elternhaus übernimmt. Schließlich zieht sie mit Tochter und Enkelin in eine Mietwohnung in der Stadt.

10. Teil (1872–Juni 1875)

Thomas Buddenbrook wird von Selbstzweifeln und Schwächeattacken geplagt. Die Geschäfte gehen weiterhin schlecht, das Vermögen der Familie ist erheblich geschrumpft. Buddenbrooks Auftritte an der Börse wirken eher dekorativ, sein gepflegtes Äußeres scheint bloße Fassade, hinter der sich eine brüchige Psyche und ein hinfälliger Körper verbergen. Er wird als „Schauspieler" bezeichnet, der seine Rolle im öffentlichen Leben mit großem Aufwand spielt, dem jedoch längst das Interesse am Leben hinter der Maske abhanden gekommen ist.

Die Beziehung zu seiner Frau Gerda verschlechtert sich ebenfalls: Voller Argwohn muss Thomas zusehen, wie Gerda voll und ganz in der Musik aufgeht und den jungen Leutnant von Throta zum gemeinsamen Musizieren ins Haus holt. In der Stadt wird bereits über dieses Verhältnis getratscht, Thomas fühlt sich ohnmächtig.

Den elfjährigen Hanno möchte Thomas unbedingt zu seinem Nachfolger machen, er lässt ihn Sport treiben und zeigt ihm im Hafen die Löscharbeiten auf den Schiffen der Firma. Hanno benimmt sich jedoch distanziert und scheint die Pläne des Vaters zu durchschauen. Viel lieber verbringt er die Tage mit seinem Freund Kai, der ihn mit seinen geheimnisvollen Geschichten fasziniert.

Thomas Buddenbrook beginnt mit seinem Tod zu rechnen. Eher zufällig liest er im Hauptwerk des Philosophen Arthur Schopenhauer *Die Welt als Wille und Vorstellung*. Während seiner rauschhaft intensiven Lektüre eröffnet ihm das Kapitel „Über den Tod und sein Verhältnis zur Unzerstörbarkeit unseres

Thomas (Michael Günther) verzweifelt an seiner scheinhaften Existenz; Szene aus der Dramenfassung; Aufführung am Stadttheater Bern (2005).

Wesens an sich" eine ganz neue, befreiende Perspektive. Von nun an erscheint ihm der Tod als Glück und Korrektur eines schweren Fehlers.

Im September 1874 begibt er sich auf ärztlichen Rat für ein paar Wochen zur Erholung an die Ostsee. Christian folgt ihm dorthin und zwischen den Brüdern kommt es zu einer Aussöhnung.

Vier Monate später muss er sich einer Zahnextraktion bei Zahnarzt Brecht unterziehen, die jedoch misslingt. Auf dem Heimweg fällt er bewusstlos in eine Pfütze und stirbt am Morgen darauf.

Anna Iwersen, seine Jugendliebe aus dem Blumenladen, darf Thomas' Leichnam im Salon sehen, anschließend wird der Senator feierlich und unter großer öffentlicher Anteilnahme im Familiengrab beigesetzt.

11. Teil (1876–Juni 1877)

Das Testament bestimmt Hanno nicht zum Firmenerben, vielmehr soll der gesamte Besitz innerhalb eines Jahres verkauft werden. Christian heiratet Aline Puvogel, die ihn später in eine psychiatrische Anstalt einweisen lässt. Gerda Buddenbrook zieht in ein kleineres Haus um und entlässt das Kindermädchen Ida Jungmann.

Hanno besucht zusammen mit der Mutter eine Aufführung der Oper *Lohengrin*. Er zeigt sich fasziniert von der Musik und erlebt sie wie eine Droge. Am folgenden Tag muss der sensible Junge die Qualen einer autoritären, menschenverachtenden preußischen Schule über sich ergehen lassen. Er erhält einen Tadel, der ihm signalisiert, dass er die Versetzung wohl nicht mehr erreichen wird.

Das Folgekapitel enthält einen medizinischen Abriss über Symptome, Entwicklung und Verlauf einer Typhuserkrankung, an der Hanno schließlich stirbt.

Ein halbes Jahr nach dem Verlust ihres Sohnes kehrt Gerda zu ihrem Vater nach Amsterdam zurück. Ihre Villa muss nun auch verkauft werden. Tony und die anderen Frauen der Familie kommen zum Abschied zusammen, wobei die alte Sesemi Weichbrodt die Anwesenden mit einem robust zuversichtlichen Jenseitsglauben zu trösten versucht.

Textanalyse und Interpretation

1 Der Aufbau

Ein so umfangreiches Werk wie *Buddenbrooks* könnte die Leserschaft angesichts des ausufernden Personals, wechselnder Episoden und der Fülle erzählter Zeiten bald überfordern. Thomas Mann hat jedoch Wert darauf gelegt, sowohl eine vorgebildete Leserschaft wie auch den „Durchschnittsleser" anzusprechen. Er selbst spricht von der „**doppelten Optik**" seiner Texte, die einerseits Verständlichkeit garantieren, andererseits **reizvolle Subtexte** bereitstellen und damit anspruchsvolle Leserinteressen befriedigen solle. Mit welchen Strukturelementen und Kompositionsprinzipien ihm dies gelingt, zeigen die folgenden Darstellungen.

Zeitregie

Exakte Datierungen, Hinweise auf Jahreszeiten, wiederkehrende Feste, historische Ereignisse und Umstände machen dem Leser die **zeitliche Orientierung** im Text leicht und geben dem Roman den Charakter einer **Chronik:** Die in der **erzählten Zeit** vermittelte **Romanhandlung**, die an einem Tag im Jahr 1835 beginnt (S. 7) und im Herbst 1877 (S. 755) endet, erstreckt sich über einen **Zeitraum von 42 Jahren** und begleitet dabei vier Generationen der Familie Buddenbrook auf ihren Lebenswegen. Thomas Mann selbst nannte sein Werk „eine zum naturalistischen Roman entwickelte städtische Chronik" (Werke XI, S. 386), spricht von seinem „**Exaktheitsdrang**" und nimmt damit Bezug auf die **penible Zeitregie**, seinen akribisch genauen Umgang mit Lebensdaten, Stammbäumen und historischem Hintergrund. Schon Rainer Maria Rilke hob in einer frühen Rezension hervor: „Thomas Mann fühlte ganz richtig, daß er, um die Geschichte der Buddenbrooks zu erzählen, Chronist werden müsse, d. h. **ruhiger und unerregter Berichterstatter** der Begebenheiten [. . .].“ (zit. n. Koopmann, S. 877)

Der Roman wird im zeitlichen Nacheinander der Ereignisse eines zentralen Handlungsstranges, also **chronologisch einsträngig** erzählt. Parallelhandlungen gibt es nicht, eher kann von **Kontexthandlungen** (so etwa die Nachrichten über den ökonomischen und gesellschaftlichen Aufstieg der Hagenströms) oder von **kulissenhaftem Hintergrundgeschehen** (so die erwähnten Schicksale Gottholds oder die Informationen über Christians Lebenswandel an anderen Orten) gesprochen werden.

Rückblenden erfolgen an einigen Stellen auf verschiedene Weise:

- als **Erinnerungen der Romanfiguren** in erlebter Rede: „Er [Thomas] erinnerte sich des Eindruckes, den die Katastrophe des Jahres 66 auf ihn hervorgebracht hatte . . .“ (S. 470)
- als **Bemerkungen in Dialogen:** so beim Gespräch über Napoleon (S. 26 f.) oder als Thomas an den Beginn seiner Romanze mit Anna zurückdenkt (S. 167).
- beim **Blick in die Familienchronik**, die bis ins 16. Jahrhundert zurückreicht. Von Tony heißt es: „Sie blätterte zurück bis ans Ende des großen Heftes, wo auf einem rauen Foliobogen die ganze Genealogie der Buddenbrooks mit Klammern und Rubriken in übersichtlichen Daten von des Konsuls Hand resümiert worden war“ (S. 158).

Offen oder verdeckt kommt es immer wieder zu **Vorausdeutungen:**

- in Gestalt auktorialer **Erzählerkommentare**, etwa: „Ach, es sollte noch ärger kommen“ (S. 177); oder ironisch gebrochen: „Es war Gerda, die Mutter zukünftiger Buddenbrooks.“ (S. 303)

- als **Visionen und Zukunftsentwürfe** der Romanfiguren, etwa wenn mit Tonys naiv jugendlichem Lebensentwurf bereits auf die Tragik ihrer künftigen Beziehungsdramen angespielt wird: „‚Ich werde natürlich einen Kaufmann heiraten', sagte sie [Tony]. ‚Er muß recht viel Geld haben, damit wir uns vornehm einrichten können; das bin ich meiner Familie und der Firma schuldig'" (S. 88).
- als **symbolische Akte**, wie sie etwa von Hanno vollzogen werden, wenn er einen Strich unter den letzten Eintrag in der Familienchronik setzt und dies mit den prophetischen Worten kommentiert: „Ich glaubte … ich glaubte … es käme nichts mehr …" (S. 524)
- in Form ganzer **Handlungssequenzen und Episoden**, die wie **Minidramen** in Verlauf und Charakter die großen Entwicklungen spiegeln und vorwegnehmen: So skizziert der erste Teil auf etwa vierzig Seiten bereits den Verlauf des gesamten Romans. Auch Tonys Auseinandersetzungen mit Julchen und Hermann Hagenström auf dem Schulweg weisen voraus auf das Konkurrenzmotiv, wie es die Romanhandlung von da an begleiten wird.

Thomas (Gabriel Barylli) reagiert erbost auf Hannos Schlussstrich im Stammbuch; Szene aus der Dramenfassung; Aufführung der Bregenzer Festspiele

Diese Vorausdeutungen lassen das **Romangeschehen** als folgerichtig, zwangsläufig und unabänderlich erscheinen und zeigen damit die Nähe Thomas Manns zum **fatalistischen Denken Schopenhauers**, der in einem Essay die Auffassung vertrat:

> *Daß Alles, ohne Ausnahme, was geschieht, mit strenger Nothwendigkeit eintritt [. . .], daß, so sehr auch der Lauf der Dinge sich als zufällig darstellt, er es im Grunde doch nicht ist, vielmehr alle diese Zufälle selbst [. . .] von einer tief verborgenen Nothwendigkeit umfaßt werden, deren bloßes Werkzeug der Zufall selbst ist.* (Schopenhauer, S. 222 f.)

Im Roman finden sich **zeitdeckende**, **zeitdehnende** und **zeitraffende Passagen**, deren unvermittelte Wechsel dem Erzähltempo eine außerordentliche **Dynamik** verleihen, wobei Beschleunigung und Verlangsamung der Darstellung oft direkt nebeneinander liegen: So eröffnet Thomas Mann den Roman mit der ausführlichen, mehr als 40 Seiten langen Schilderung der etwa siebenstündigen Familienfeier im ersten Teil (S. 7–49), während der nächste Teil auf ähnlichem Seitenumfang einen Zeitraum von sieben Jahren – von April 1838 bis ins Jahr 1845 – zusammenrafft (S. 50–90).

Zeitdeckendes und zeitdehnendes Erzählen geschieht:

- vorwiegend mit **szenischer Darstellung**, in der die Dialoge eine zentrale Rolle spielen. In aller Ausführlichkeit kann hier, wie dies im 1. Teil geschieht, die Oberflächlichkeit belangloser Konversationen entlarvt werden (1. Teil), zudem ereignen sich Handlungshöhepunkte wie etwa der Bruderzwist zwischen Thomas und Christian im 9. Teil in szenischer Gestalt (S. 572 – 582).
- als **Verweilen** und **„aus der Zeit treten“** der Romanfiguren mit **Reflexionen** und **erlebter Rede**, wie es bei der Schopenhauer-Lektüre von Thomas im 10. Teil (S. 654 – 659) geschieht.

- schließlich auch mit der **Montage** des 3. Kapitels des 11. Teils (S. 751–754), einem nahezu wörtlich aus Meyers Konversations-Lexikon von 1897 übernommenen Kapitel, wobei Thomas Mann hier selbst von „höherem Abschreiben" spricht und dem Leser damit auf indirekte Weise Hannos Tod mitteilt.

Wie wichtig dem Autor gerade auch die **Techniken der Zeitraffung** sind, macht diese Äußerung deutlich:

> *Beim schönen Fest der Erzählung […] spielt die* ***Aussparung*** *eine wichtige und unentbehrliche Rolle. Weislich üben auch wir sie auf Schritt und Tritt; denn es ist unsere vernünftige Absicht, fertig zu werden mit einer Besorgung, die ohnehin mit dem Versuch, das Meer auszutrinken, eine entfernte Ähnlichkeit hat, aber nicht bis zu der Narrheit getrieben werden darf, wirklich und buchstäblich das Meer der Genauigkeit austrinken zu wollen.* (Werke V, S. 1108 f.)

Im Roman finden sich:

- **Zeitsprünge**, die tatsächlich **Auslassungen von Handlung** darstellen, damit neue Lebensabschnitte der Protagonisten einleiten und manchmal vom Erzähler wie hier begründet werden: „Toms und Christians Jugendzeit … es ist nichts Bedeutendes davon zu melden." (S. 66)
- **gerafft knappe Erwähnungen**, die den vermeintlich epochalen Charakter **historischer Ereignisse** karikieren, indem sie sie zu kulissenhaft entrückten Phänomenen **schrumpfen** lassen, wie dies bei der Einquartierung preußischer Soldaten deutlich wird: „Gewimmel, Verstörung und Spannung überall! Die Mannschaften ziehen zum Tore hinaus, neue rücken ein, überfluten die Stadt, essen, schlafen, erfüllen die Ohren der Bürger mit Trommelwirbeln, Trompetensignalen und Kommandorufen und marschieren wieder ab. Königliche Prinzen werden begrüßt; Durchmarsch folgt auf Durchmarsch. Dann Stille und Erwartung."(S. 436) Durch ähnlich geraffte Erwähnungen erscheint das Leben der Buddenbrooks als

ritualisierter und periodisierter Familienalltag mit immergleichen Ferienaufenthalten und kalendarisch wiederkehrenden Festen. Zudem werden von Zeit zu Zeit Blicke auf den Gang der Geschäfte und damit auf den ökonomischen Niedergang des Hauses geworfen.

- **in Briefen dokumentierte und zusammengefasste Ereignisse**, etwa in Tonys Briefwechsel mit der Familie (S. 145–S. 147) sowie in den Briefen zu Beginn des 4. Teils (S. 169 ff.).

Schließlich sind die **repetitiven Momente** im Roman zu nennen, die wiederkehrenden, mit gleichem **Personal** bestückten Szenen und Begegnungen im Leben der Buddenbrooks, die den Wandel der Zeiten als **Kreislauf** erscheinen lassen, aus dem es kein Entrinnen gibt: Da sind die statischen Figuren der Lübecker Gesellschaft, die treue Ina Jungmann, Sesemi Weichbrodt sowie die **drei Cousinen** aus der Breitenstraße, deren kommentierende Auftritte wie **Parodien eines antiken Chores** wirken. Auch die **Götterstatuen** im Speisesaal, die den Untergang der Buddenbrooks mit ihrer bloßen Anwesenheit zu kommentieren scheinen, gehören zum **Symbolinventar** der Familie, indem sie an insgesamt zehn verschiedenen Stellen die Unausweichlichkeit des Schicksals signalisieren und damit vorausdeutende Funktion im Roman gewinnen (S. 20, 47, 90, 100, 251, 304, 446, 524, 536, 588). Auch werden Buddenbrooks selbst **Teil eines Reigens von Aufstieg und Untergang**, angeführt von der Kaufmannsfamilie Ratenkamp (vgl. S. 21–23), fortgesetzt und vollendet von den Hagenströms.

Mit dieser **komplexen Zeitregie** erstellt Thomas Mann ein ordnendes Gefüge im Text. Zudem macht er die **Zeit** selbst zu einem **zentralen Motiv** des Romans, indem er seine Figuren am Diktat der Uhren leiden und scheitern lässt. Die „moderne Zeit" wird zum bedrohlichen Moment des Konkurrenzkapitalismus. Thomas und Hanno „fallen aus der Zeit", da sich ihre Körper gegen Beschleunigungen wehren – Hanno, indem er träumt, Thomas, indem er schließlich gehetzt zusammenbricht – und so auf je eigene Weise gegen das Diktat eines abstrakt ökonomischen Zeitverständnisses rebellieren.

Raumgefüge

Der größte Teil der Romanhandlung hat eine bekannte **reale Adresse:** Lübeck, Mengstraße 4. Auch heute noch kann *Buddenbrooks* wie ein **Stadtführer** gelesen werden, der etwa 50 Orte und Straßen verzeichnet, wenngleich der Name „Lübeck" an keiner Stelle erwähnt wird. Die „freie und Hansestadt" (S. 56) wird im Roman zum detailreich geschilderten und sinnstiftenden **Milieu- und Wertekontext** für das Handeln der Figuren, steht für Tugenden wie ökonomische Nüchternheit, Tradition und Solidität und markiert damit „das Alte, Gewohnte und Überlieferte" (S. 155), die „Daseinsform der ‚Kaufleute'" (S. 312).

Die exakte Darstellung von Landschaften, Orten, Straßen und Gebäuden, ihrer Räume und Einrichtungen ist typisch für das Werk Thomas Manns. Trotzdem ist *Buddenbrooks* kein historischer Roman zur Stadtgeschichte, denn das **„Roman-Lübeck"** wandelt sich im Textverlauf von einer historisch realen Kulisse zu einem nahezu irrealen Raum: „Der Lübeckbezug wird absichtsvoll verdunkelt, verwischt. [...] Und was zwischen ihnen [den Romanfiguren] geschieht, geschieht wie auf einer Bühne vor

Das „Buddenbrookhaus" in der Mengstraße 4 in Lübeck

einem statischen Stadtpanorama. [...]“ (Wisskirchen, S. 112 f.) Die erzählte Handlung hat von 1871 an – mit dem Tod der Konsulin Elisabeth Buddenbrook – kaum noch Bezugspunkte zur tatsächlichen Stadtgeschichte. Das wirtschaftliche und das soziale Leben finden nur noch schattenhaft episodisch Eingang in den Roman, wenn es etwa mit Blick auf Thomas' Kuraufenthalt in Travemünde heißt: „[...] das letzte Hochwasser, das in viele Keller gedrungen, und bei dem man in den unteren Gruben mit Böten gefahren war, eine Feuersbrunst, ein Schuppenbrand am Hafen, eine Senatswahl wurden besprochen ...“ (S. 666)

Das allmähliche **Verschwinden topografischer Wegmarken** und tagesaktueller Indizien symbolisiert die **Identitätskrise** von Thomas Buddenbrook und schließlich auch die psychische **Heimatlosigkeit** Hannos: „Was von nun an in *Buddenbrooks* vor uns ausgebreitet wird, ist als Stadtbild eine düstere Phantasmagorie.“ (Wisskirchen, S. 112 f.)

Das Haus in der Mengstraße formiert die Familie zu einer **sozialen und ökonomischen Einheit:** Es ist Firmensitz und privates Refugium der Großfamilie, wird beruflich und familiär genutzt. Erwerbsleben und privater Raum spiegeln sich in der Architektur des Gebäudes: Das Erdgeschoss stellt mit dem Comptoir (S. 37) die tragende ökonomische Basis des Hauses dar. Gewohnt, gefeiert und repräsentiert wird im kulturellen Überbau der darüber liegenden Geschosse. Hier wird der **Innenraum zur bürgerlichen Bühne**, indem er den gehobenen Lebensstil der Buddenbrooks und ihr gesellschaftliches Ansehen mit dem Landschaftszimmer und dem Speisesaal, den beiden zentralen Handlungsorten des Romans, unterstreicht.

Doch die üppigen Rokokoszenen der Tapeten sind mit ihrer **arkadischen Scheinwelt** keineswegs Ausdruck individuellen Geschmacks, sondern vielmehr dem Bedürfnis nach Repräsentation und „heiler Welt“ geschuldet.

Durchblick ins „Götterzimmer“ im „Buddenbrookhaus“ in Lübeck.

Die so dekorierte Bühne großbürgerlicher Selbstinszenierung wird jedoch im Romanverlauf zum Zentrum einer Demontage, die sich in **drei Etappen des Zerfalls** darstellt:

- Mit dem **Umzug** von Thomas und Gerda in die Fischergrube kommt es zu einer **Abwanderung des gesellschaftlichen Lebens:** „Das geschäftliche Treiben bewahrte dem Erdgeschoß Leben und Bewegung; die Stockwerke aber des großen Mengstraßenhauses lagen nun recht leer und vereinsamt da.“ (S. 304)
- Aus Anlass des **Firmenjubiläums** wird das Haus zwar noch einmal wiederbelebt, erweist sich jedoch als ganz und gar **unwirtlicher Ort**, an dem die **Musik lärmt** (S. 490) und das **Licht quält:** „Ja, diese Schatten waren so häufig und folgten einander so schnell, daß die beständig wechselnde, zuckende Beleuchtung des Treppenhauses schließlich die Augen schmerzen machte.“ (S. 491)
- Der **Verkauf des Hauses**, von dem Thomas nun nur noch als „totem Kapital“ spricht, an Konsul Hagenström (S. 608 f.) im Jahr 1871 offenbart dessen maroden Zustand. Der neue Besitzer wird das Rückgebäude abreißen lassen.

Auch das neue, prächtige **Haus in der Fischergrube dokumentiert** nicht die Kraft und die Selbstsicherheit eines ökonomisch erfolgreichen Bauherrn, sondern die **psychische Labilität** von Thomas Buddenbrook. Bereits die Wahl des Grundstückes liest sich wie eine **Vorausdeutung** auf das eigene Familienschicksal, denn an jenem verwunschenen Ort, wo das neue Haus entstehen soll, steht die **Ruine** einer „steinalte[n] Jungfer, die es als ein Überbleibsel einer vergessenen Familie ganz allein bewohnt hatte" (S. 420). Dass sich gegenüber ausgerechnet der kleine Blumenladen der Iwersens befindet, in dem sich vermeintliches Familienglück realisiert – Anna, die frühere heimliche Geliebte von Thomas Buddenbrook, ist inzwischen mit dem vierten Kind schwanger –, unterstreicht als ironische Pointe den Missgriff der Grundstückswahl.

Obwohl sich Thomas Buddenbrooks Geschäfte zu jener Zeit auf dem Höhepunkt befinden, wird der **Tapetenwechsel** für ihn zum **bloßen Versuch einer Psychohygiene:**

> *So war es nicht Übermut, daß Senator Buddenbrook im Sommer dieses Jahres 63 umherging und über dem Plane sann, sich ein großes, neues Haus zu bauen. Wer glücklich ist, bleibt am Platze. Seine Rastlosigkeit trieb ihn dazu [...]. Ein neues Haus, eine radikale Veränderung des äußeren Lebens, Aufräumen, Umzug, Neuinstallierung mit Ausscheidung alles Alten und Überflüssigen, des ganzen Niederschlages vergangener Jahre: diese Vorstellungen gaben ihm ein Gefühl von Sauberkeit, Neuheit, Erfrischung, Unberührtheit, Stärkung ... und er mußte alles dessen wohl bedürftig sein, denn er griff mit Eifer danach und hatte sein Augenmerk schon auf eine bestimmte Stelle gerichtet.* (S. 419 f.)

Schlechte Familiennachrichten – Hannos körperliche Entwicklung stagniert, Clara erkrankt, Christian wird im Hospital behandelt – und unvorteilhafte Geschäfte **begleiten den Umzug**. Thomas wird sehr bald klar, dass sich seine therapeutischen

Hoffnungen auf das neue Milieu nicht erfüllen werden. Inmitten der repräsentablen und üppig schönen Umgebung sagt er zu Tony: „Ich weiß, daß oft die äußeren, sichtbarlichen und greifbaren Zeichen und Symbole des Glückes und Aufstieges erst erscheinen, wenn in Wahrheit alles schon wieder abwärts geht." (S. 431)

Die Raumstruktur des Romans zeigt insgesamt ein **antithetisches Gefüge voller kontrastierender Schauplätze**. Neben den großbürgerlich geordneten Umgebungen, in denen sich die **Lebensdramen** der Romanfiguren vollziehen, gibt es die unkultivierten, naturnahen Orte, an denen noch **Glücksmomente** voller Intensität erlebt werden:

- Für Thomas Buddenbrook wird der **Blumenladen** zum verklärten Schauplatz seiner Romanze mit Anna: „Hier drinnen war es warm. Ein feuchter Duft von Erde und Blumen lag in dem kleinen Laden. Draußen schickte schon die Wintersonne sich an, unterzugehen. Ein zartes, reines und wie auf Porzellan gemalt blasses Abendrot schmückte jenseits des Flusses den Himmel." (S. 168)
- Tony erfährt ihre große Liebe mit Morten Schwarzkopf am Strand und im **Idyll des Seetempels** in Travemünde: „Sie gingen, das rhythmische Rauschen der langgestreckten Wellen neben sich, den frischen Salzwind im Gesicht, der frei und ohne Hindernis daherkommt, die Ohren umhüllt und einen angenehmen Schwindel, eine gedämpfte Betäubung hervorruft..." (S. 135)
- Hanno schließlich ist **am Strand** davon beseelt, „den großen Schiffen, die vorüberglitten, mit dem Taschentuch zuzuwinken und zu horchen, wie die kleinen Wellen mit leisem Plaudern wider die Steinblöcke klatschten und die ganze Weite ringsum von diesem gelinden und großartigen Sausen erfüllt war, das dem kleinen Johann gütevoll zusprach und ihn beredete, in ungeheurer Zufriedenheit seine Augen zu schließen." (S. 633)

Am **Meer** – für Thomas Mann selbst war Travemünde der „Ort wunschlosen Glücks" – sorgt die Natur für entgrenzende, fast schon narkotisierende Erfahrungen, die allein Thomas Buddenbrook verwehrt werden, wenn es bei dessen letztem Travemündebesuch ernüchtert heißt: „Breite Wellen [...]. Wie sie daherkommen und zerschellen, daherkommen und zerschellen, eine nach der anderen, endlos, zwecklos, öde und irr." (S. 671)

Die **Straßen von Lübeck** erweisen sich dagegen als **unsichere und unwirtliche Orte:** Hier stirbt Jean Buddenbrooks Schwiegervater Lebrecht Kröger, in der Kutsche von einem Stein getroffen, in den 48'er Revolutionswirren (S. 195), Tony Buddenbrook wird vom jungen Hermann Hagenström mit einem Kussversuch attackiert (S. 62 f.), für Hanno wird der Gang durch die Stadt als Schulweg unerträglich: „Das Bißchen Frühstück revoltierte in seinem Magen bei diesem Morgenspaziergang, ihm ward übel, und sein Herz war nur noch ein bebendes und haltlos flatterndes Ding, das ihm den Atem nahm." (S. 706) Schließlich fällt Thomas auf elende Weise in eine Straßenpfütze in der Fischergrube (S. 680) und stirbt.

Handlungsetappen

Mit dem Untertitel „**Verfall einer Familie**" signalisiert Thomas Mann **das eigentliche Thema** seines Romans und gibt bereits Anfang und Ende einer Entwicklungslinie von ökonomischer Blüte sowie familiärer Stabilität bis zur Auflösung von Besitz und Familie vor. Drei bestimmende **Verfallslinien** ziehen sich durch das Romangeschehen:

- die **fortschreitende ökonomische Schwächung** des Handelshauses Buddenbrook. Ihre Stationen sind: Erbstreitigkeiten (1. Teil, 7. Teil), Bankrott von Geschäftspartnern (4. Teil), Verluste im Krieg (7. Teil), Auseinandersetzungen um Mitgift (4. Teil), misslingende Geschäfte und zunehmende Konkurrenz anderer Handelshäuser (7. Teil, 8. Teil).

- die **wachsende Lebensuntauglichkeit** der Protagonisten Thomas, Christian und Hanno. Sie wird deutlich im zunehmenden **Außenseitertum** Christians, in der sich steigernden psychischen **Labilität und Handlungsohnmacht** von Thomas sowie in Hannos wachsendem **Ekel vor dem Leben**.
- die **zunehmende Sprachlosigkeit der Protagonisten**. Was früher noch in langen Dialogen verhandelt wurde, bleibt mehr und mehr unausgesprochen. Vieles wird **peinlich**, das Haus wandelt sich vom Zentrum der Konversation und der Geschwätzigkeit zu einem stillen Ort mit introvertierten Figuren, an dem fast nur noch **Musik** erklingt, die entweder **ausgrenzt** (Thomas) oder so sehr **vereinnahmt** (Hanno, Gerda), dass man einander fremd wird.

Christian (Peter Jordan) verfällt psychisch und physisch; Szene aus der Dramenfassung, Thalia Theater Hamburg 2005.

Buddenbrooks' **Leiden am Leben** darf jedoch nicht als Konsequenz aus ökonomischen Misserfolgen gedeutet werden. Die Krisen des Handelshauses sind eher Begleitumstände der psychischen Erschütterungen der Protagonisten, denn Thomas Mann wollte keinen Gesellschaftsroman schreiben, der im materialistischen Sinn die Lebensumstände – das „gesellschaftliche Sein" – für die psychische Befindlichkeit – „das Bewusstsein" – der Figuren verantwortlich macht.

Der Autor lässt die Brüder Thomas und Christian von Beginn an als **„neurasthenische" Invaliden** auftreten, die mit ihrer fragilen psychischen Befindlichkeit dem familiären und gesellschaftlichen Erwartungsdruck nicht gewachsen sind.

Diese Abstiegslinien werden gekreuzt von Prozessen **zunehmender Sensibilität:** Während Thomas immer reizbarer, empfindlicher und empfindsamer wird – etwa infolge seiner Schopenhauer-Lektüre – und sich so selbst in Handlungsunfähigkeit und Schicksalsergebenheit laviert, wächst Hannos Gespür für Situationen und Menschen, deren Zumutungen und Demütigungen er mit wachem Blick, etwa in der Schulepisode, durchschaut.

2 Das Erzählsystem

Der variantenreiche, sich auf mehr als 700 Romanseiten immer wieder neu erfindende **Erzähler** kann mit den statischen Begriffen „auktorial“ oder „personal“ nicht hinreichend erfasst werden. Zu vielfältig sind seine **Rollenwechsel**, zu radikal verschieden die jeweils eingenommenen Perspektiven und Haltungen, sodass eher von einem **komplexen Erzählsystem mit auktorialer Grundierung** als von einer durchgängig gleichen „Erzählsituation“ gesprochen werden muss.

Erzählerfigur

Wie die folgenden Kapitelanfänge beispielhaft zeigen, kleidet sich der Erzähler im Romanverlauf für den Leser in **unterschiedliche Mittlerrollen**, indem er auftritt als:

- **nüchterner Chronist von Ereignissen:** „Zu Beginn des Februar 1856, nach achtjähriger Abwesenheit, kehrte Christian Buddenbrook in die Vaterstadt zurück.“ (S. 258)
- **reflektierende, die Zustimmung des Lesers suchende Erzählinstanz:** „Man erinnert sich dieser oder jener Person, man denkt nach, wie es ihr gehen mag, und plötzlich fällt einem ein, daß sie nicht mehr auf den Trottoirs umher spaziert, daß

ihre Stimme nicht mehr in dem allgemeinen Stimmenkonzert mitklingt, sondern daß sie einfach auf immer vom Schauplatz verschwunden ist und irgendwo draußen vorm Tore unter der Erde liegt. Die Konsulin Buddenbrook, geborene Stüwing, die Witwe Onkel Gottholds, war tot." (S. 694)

- **wortreich schildernder Gestalter von Stimmungsbildern:** „Es war ein Tag gegen Ende des November, ein kalter Herbsttag mit dunstigem Himmel, der beinahe schon Schnee versprach, und wallendem Nebel, den hie und da die Sonne durchdrang, einer von den Tagen, an denen in der Hafenstadt der scharfe Nord-Ost mit einem tückischen Pfeifen um die massigen Ecken der Kirchen sauste und eine Lungenentzündung wohlfeil zu haben war." (S. 370)
- **energisch kommentierender Zwischenrufer:** „An einem Zahne … Senator Buddenbrook war an einem Zahne gestorben, hieß es in der Stadt. Aber, zum Donnerwetter, daran starb man doch nicht!" (S. 689)
- **auktorial ordnender und deutender Textregisseur:** „Unsere Wünsche und Unternehmungen gehen aus gewissen Bedürfnissen unserer Nerven hervor, die mit Worten schwer zu bestimmen sind. Das, was man Thomas Buddenbrooks ‚Eitelkeit' nannte, die Sorgfalt, die er seinem Äußeren zuwandte, der Luxus, den er mit seiner Toilette trieb, war in Wirklichkeit etwas gründlich Anderes." (S. 418)
- **hinter den personal präsentierten Figuren zurücktretendes Medium:** „Der Chef der Firma ‚Johann Buddenbrook' hatte seinen Bruder bei dessen Ankunft mit einem längeren, prüfenden Blick gemessen, er hatte ihm während der ersten Tage eine ganz unauffällige und beiläufige Beobachtung zugewandt, und dann, ohne daß ein Urteil auf seinem ruhigen und diskreten Gesicht zu lesen gewesen wäre, schien seine Neugier befriedigt, seine Meinung abgeschlossen zu sein." (S. 265)

- **gespielt ahnungsloser Frager:** „War es Unachtsamkeit oder Absicht von des Senators Seite – es fehlte nicht viel, so wäre er über eine Tatsache hinweggegangen, die nun durch Frau Permaneder, welche sich am treuesten und hingebendsten mit den Familienpapieren beschäftigte, aller Welt verkündet ward: die Tatsache, daß in den Dokumenten der 7. July des Jahres 1768 als Gründungstag der Firma angenommen war und daß die hundertste Wiederkehr dieses Tages bevorstand." (S. 476)

Auf diese Weise lässt der **Erzähler** seine Figuren- und Gegenstandswelt in wechselndem Licht erscheinen. Der **Leser** begibt sich für den gesamten Roman in seine **Deutungsobhut**, findet sich meist an die Hand genommen, aber auch völlig freigesetzt und vielleicht irritiert, wenn **unkommentierte Textmontagen** (etwa das „Typhuskapitel", S. 751 ff.) oder **ironisch gebrochene Darstellungen** erscheinen.

Eine außergewöhnliche Charakterisierung der Erzählerfigur gibt Andreas Isenschmid, wenn er schreibt:

> *Aber letztlich ist fast alles, was uns an der Stimme des Erzählers so sehr verführt, vom Geiste des so vielgescholtenen Suitiers Christian Buddenbrook. Mit seinem exuberanten Nachahmungstalent fürs Körperliche wie fürs Sprachliche ist die strahlende Mimesis des Buches verwandt; mit seinem Darbietungstalent und mit seiner indiskreten und schamlosen Art des Ausplauderns darf man des Erzählers Hang verbinden, die kleinsten und tiefsten der inneren Vorgänge ans Licht zu bringen. Von Christians hypochondrischer Hellhörigkeit für Körpervorgänge schließlich stammt des Erzählers Gabe, seelische Vorgänge als körperliche darzustellen.* (A. Isenschmid: Die Geburt des Erzählers. In: Die Zeit, 44. 2001)

Narrative Redeweisen

Sachlich präzise **Erzählerberichte** situieren das Romangeschehen in Raum und Zeit, finden sich oft in den Einleitungspassagen der Kapitel und entwerfen den äußeren Rahmen. Mit ihnen gleiten die Leser wie bei einer Kamerafahrt auf unmerkliche Weise in die Nähe der Akteure, deren Innenwelt in Ansätzen **erlebter Rede** mitgeteilt wird, wie diese Passage beispielhaft zeigt:

> *Durch die offene Tür sah man im Sterbezimmer Frau Permaneder im Gebete liegen. Sie befand sich allein und kniete, ihre Trauergewänder um sich her auf dem Boden ausgebreitet, in der Nähe des Bettes, an einem Stuhle, indem sie die fest gefalteten Hände auf dem Sitze ruhen ließ und gebeugten Hauptes murmelte ... Sie hörte sehr wohl, daß ihr Bruder und ihre Schwägerin das Frühstückszimmer betraten, in dessen Mitte sie unwillkürlich stehen blieben, um das Ende der Andacht zu erwarten [...].* (S. 569)

Im Romanverlauf nimmt der Anteil erlebter Reden in Form längerer **Reflexionspassagen** der Romanfiguren zu. Dabei wird Thomas Buddenbrook zur zentralen Gestalt. Seine Wandlung vom „Mann der unbefangenen Tat" zum „**skrupulöse[n] Nachdenker**" (S. 469) wird erzähltechnisch vermittelt durch seitenlange Anteile erlebter Rede. Allein das „Schopenhauer-Erlebnis" umfasst knapp sieben Seiten (S. 654–660) Gedankenwiedergabe, die nur ab und zu von **Erzählerkommentaren** unterbrochen wird.

An vielen Stellen wird **polyperspektivisch erzählt**, indem der Erzähler den Standort wechselt und die Sichtweisen verschiedener Romanfiguren einnimmt. Deutlich wird dies etwa im 2. Kapitel des 10. Teils (S. 618–629), wenn geschildert wird, wie Thomas seinen Sohn Hanno für das Kaufmannsleben begeistern möchte und dabei scheitert. Mit einfühlsam wechselnder Perspektivik und erzählerischer Fairness werden dem Leser sowohl die verzweifelten Dialogangebote des Vaters wie auch Hannos Weigerungen, seine Ängste, Wünsche und Einsichten in erlebter Rede und in Erzählerkommentaren vermittelt. Schließlich endet das Kapitel mit einer radikalen Umkehrung der Vater-Sohn-Beziehung, da nun Hanno hellsichtig den psychischen Zustand des extrem geschwächten Vaters analysiert (S. 627).

Szenische Elemente

In seiner Kampfschrift „**Versuch über das Theater**" von 1908 wehrt sich Thomas Mann gegen die seiner Meinung nach oberlehrerhafte zeitgenössische Haltung, das Drama sei dem Roman künstlerisch überlegen, indem er für sich selbst eine Schreibweise reklamiert, die verschiedene dramatische Elemente in den Roman einbezieht:

> *Ist der Roman nur Deskription und äußere Gegenständlichkeit oder nicht etwa auch Seele, Leidenschaft, Schicksal? Bietet er nicht die lyrische Kontemplation des Monologs und die stürmische Bewegung der Wechselrede? Gibt er nicht Mienenspiel, Gestenspiel, pittoreske Sichtbarkeit? Wo ist der Dramenauftritt, der eine moderne Romanszene an Präzision des Gesichtes, an intensiver Gegenwart, an Wirklichkeit überträfe? Sie ist tiefer, diese Wirklichkeit, im Roman als im Drama.* (Literatur und Kunst 1, S. 10)

Buddenbrooks hat diesen **dramatischen Kern** und ist an den Höhe- und Wendepunkten der Handlung **szenisch gestaltet**. Dabei wird dem Leser die „stürmische Bewegung der Wechselrede" in diesen **Dialogtypen** präsentiert:

- Als **szenische Gesellschaftsporträts** zeichnen die Tischgespräche Bilder des Großbürgertums, etwa beim Empfang der Gäste zur Einweihung des Hauses in der Mengstraße (1. Teil).
- Als bühnentaugliche **Minidramen**, die sich, von Eröffnungsdialogen oder vom Erzählerkommentar (S. 432 f.) eingeleitet, in steigernder Komposition aufschaukeln, präsentieren die

Dialoge die großen Auseinandersetzungen zwischen Thomas und der Mutter (S. 433–435) oder zwischen den Brüdern (S. 572–582). Sätze wie „Frau Permaneder stand auf und umarmte ihn.“ (S. 435) oder „Die Konsulin antwortete nur mit Schluchzen.“ (ebd.) klingen dabei wie Regieanweisungen.

- Als **handlungsbegleitende Dialoge** bilden die Wortwechsel Befindlichkeiten und Beziehungen zwischen den Figuren ab, etwa die während der Beschreibung der Spaziergänge dargestellte Romanze zwischen Tony und Morten (S. 127–132).
- Als **theatralisch inszenierte Auftritte** von Rand- und Nebenfiguren zeichnen sie deren Charaktere nach, wie beim Erscheinen von Bendix Grünlich (S. 92 ff.) oder Alois Permaneder (S. 323 ff.).

3 Humor und Ironie

„Das Komische als Labsal, der Humorist als wahrer Wohltäter der Menschheit – je älter ich werde, desto inniger empfinde ich es so, und ich habe es sehr früh so empfunden.“ (Werke XI, S. 64) Thomas Mann bezeichnet an anderer Stelle sogar das **Humoristische als das eigentlich Epische** und bekennt sich damit zu einer Erzählweise, die Charakter- und Situationskomik sowie parodistische, satirische und ironische Züge in der Figurendarstellung trägt und sich damit über einen bloßen Realismus in der Literatur erhebt. Ihm wird ein **ironisches Weltverhältnis** zugesprochen, eine künstlerische Haltung also, die dem Erzählgegenstand eine **Mehrdeutigkeit** verleiht, indem sie ihn mithilfe der Ironie kritisch beäugt, ihn damit relativiert und distanziert betrachtet. Die klassische Bedeutung der Ironie als Ausdruck des Gegenteils einer Aussage findet sich jedoch bei Thomas Mann kaum.

Meist ergibt sich die **ironische Brechung des Geschehens** durch die **Einbettung in einen Erzählkontext**, der das Gesagte anzweifeln lässt. Ein Beispiel: Als sich das Haus in der Mengstraße aus Anlass der Hochzeit von Thomas und Gerda mit Gästen füllt, heißt es: „Niemals, höchstens vielleicht zu Großvaters Zeiten, war es heiterer und geselliger zugegangen in dem großen Hause, das mit Leichtigkeit die Gäste aufnahm." (S. 292) Eine doppelbödige Aussage, die versteckt andeutet, dass es seit Großvaters Zeiten keine wirkliche Heiterkeit mehr im Haus gegeben hat. Zudem verrät der Kontext, dass auch jetzt weder Heiterkeit noch Geselligkeit herrschen, da sich eine Reihe von Sonderlingen im Haus aufhält, die nicht gerade für Stimmung sorgen dürften, unter ihnen Pastor Tiburtius, der „aus Bescheidenheit sich im Rückgebäude beim Billardsaale ein Zimmer erwählt" (ebd.), zudem die ältere Tochter des Herrn Arnoldsen, „eine leidend aussehende Dame" (ebd.), und deren Gatte, der hier lieber die Flucht ergreift: „ein eleganter Lebemann, der sich von Christian in der Stadt umher und in den Klub führen ließ." (ebd.)

Während sich die alte Konsulin nebenan im Todeskampf windet, beschwichtigt Doktor Grabow Thomas mit den Worten: „Das täuscht, glauben Sie mir, liebster Freund, das täuscht! [...] Es sind allergrößten Teiles Reflexbewegungen, was Sie da sehen ..." (S. 566) Hier entlarvt der ironisch wirkende Kommentar die Schönfärberei des Arztes.

Eine weitere **Ironietechnik** stellt die **beiläufige Notiz** dar, die als **Banalisierung** eigentlich **bemerkenswerter Sachverhalte** komisch und befremdlich wirkt, wenn es etwa von Ida Jungmann heißt:

> *Die gute Ida war schon ganz grau, beinahe weiß, obgleich sie kaum die Vierzig überschritten hatte. Aber das lag in ihrer Familie; auch der Onkel, welcher am Schluckauf zu Grunde gegangen war, hatte mit dreißig Jahren schon weißes Haar gehabt [...]* (S. 245).

Nicht Idas weiße Haare, sondern die tragikomische Todesart des Onkels bildet hier das versteckte Zentrum der Mitteilung.

Ein gezielt gewählter „**sprechender**" **Name** oder ein einziges allzu starkes **Adverb oder Adjektiv** kann die Textaussage überdeterminieren und damit in die Ironie umkippen lassen. So heißt es von der Frau des Moritz Hagenström:

> *der Rechtsgelehrte war seit mehreren Jahren verheiratet, und zwar mit einem Fräulein Puttfarken aus Hamburg, einer Dame mit butterfarbenem Haar und übermäßig leidenschaftslosen, augenscheinlich anglisierenden, aber außerordentlich schönen und regelmäßigen Gesichtszügen [. . .]* (S. 348).

Man glaubt dem Erzähler diese Beteuerungen nicht mehr, denn wer „Puttfarken" heißt und zudem „übermäßig leidenschaftslos" aussieht, hat bereits verloren. Am Schluss dieser Passage werden Hagenströms mit Blick auf ihr Menü als ordinäre Neureichs bloßgestellt, denn: „Alle aßen Rührei mit Schinken." (ebd.)

Ironisch wirkt auch die **Erwähnung kleiner deplatzierter Gesten und Bewegungen:** So ist das Weihnachtsfest bei Sesemi Weichbrodt zwar eine grundsätzlich groteske Veranstaltung, deren Pannen durchaus komisch wirken. Milde Ironie kommt aber erst ins Spiel, als der Erzähler aus der buckligen Sesemi ganz am Schluss eine Ballerina macht, indem er schildert, wie sie sich vor den brennenden Tannenzweigen in Sicherheit bringt, und zwar „mit einem kleinen Schreckenslaut und einem Sprunge von ungeahnter und pittoresker Behendigkeit" (S. 549).

Paradoxe Steigerungen und Zuspitzungen wie „Frau Permaneder verkehrte nicht nur nicht in der Gesellschaft, sie lebte in Feindschaft mit ihr" (S. 439) sind ebenso Beispiele ironischen Sprechens wie die **in derbe Situationskomik eingebetteten Ironiesignale:** So fürchtet Herr Stuht, auf der Flucht vor der Revolution den hasserfüllten Arbeitern zum Opfer zu fallen, weil er nicht durch die Dachluke passt: „Ich bin ja doch zu dick dazu!" (S. 188)

Drei Funktionen der Ironie

Skeptisches Bezweifeln vermeintlicher Tatsachen	*„Nein, nein", wiederholte sie, indem sie sich ganz ergriffen über ihn beugte, „ich verabscheue Sie nicht, Herr Grünlich, wie können Sie dergleichen sagen! … Aber nun stehen Sie auf … bitte …"* (S. 110) Hier ist alles doppelbödig: Der Erzähler beteuert einerseits, Tony sei von Grünlichs heftigem Liebeswerben „ergriffen", im Widerspruch dazu steht ihre lapidare, nachdrückliche Aufforderung an den schauspielernden „Liebeskranken", er möge aufstehen.
Karikierende **Bloßstellung und Entlarvung** von Schwächen	*Von der kleinen Erika aber, rosig und wohlgepflegt, wie sie war, mußte denn doch gesagt werden, daß sie in beunruhigender Weise im Wachstum zurückgeblieben sei. Worauf Pfiffi, indem sie sich schüttelte und Feuchtigkeit in die Mundwinkel bekam, zum Überfluß auf die erschreckende Ähnlichkeit des Kindes mit dem Betrüger Grünlich aufmerksam machte …* (S. 275) Hier geht es eigentlich um Pfiffis Schwächen: Da diese sich eher an Buddenbrooks' Gebrechen ergötzt, ihr der Erzähler dabei sogar „Feuchtigkeit in die Mundwinkel" laufen lässt, dürfte sie die Retardation der kleinen Erika durchaus nicht „beunruhigen". Entlarvt wird also Pfiffis Bösartigkeit.
Augenzwinkernde Belustigung in grotesk-komischen Situationen	*In diesem Augenblick wuchs draußen der Lärm von Neuem an, aber ohne sich wieder zu der anfänglichen stürmischen Höhe zu erheben, tönte er nun ruhig und ununterbrochen fort, ein geduldiges, singendes und beinahe vergnügt klingendes Gesumme, in welchem man hie und da Pfiffe sowie einzelne Ausrufe wie „Prinzip!" und „Bürgerrecht!" unterschied … Die Bürgerschaft lauschte mit Andacht.* (S. 186) Die ironisch verniedlichende Darstellung macht die kritischen Ausrufe zur Farce und verwandelt die Revolutionäre in einen summenden Männerchor, der draußen vor dem Rathaus auftritt, während die Herrschenden drinnen dem „Musikstück" lauschen.

4 Die Sprache

„Welche Gunst ist es doch, über einen polierten und gefälligen Ausdruck zu verfügen, der Gabe der guten Form teilhaftig zu werden, die mir jene geneigte Fee mit zarter Hand in die Wiege legte …" (Werke VII, S. 562) Was Felix Krull, eine Romanfigur, hier sagt, könnte auch für Thomas Manns Sprache gelten: Sie ist ein „poliertes und gefälliges Feengeschenk", traditionsbewusst und kreativ, episch präzise und lyrisch zugleich. Der Autor **distanziert sich** jedoch mit Blick auf das eigene Sprechen **von einem platt abbildenden Realismus**, indem er notiert, dass die einfache Nachahmung der Natur dazu führe, dass das „abgenutzte Wort" einer „Fliegenklatsche" gleiche, „die niemals trifft" (Werke VII, S. 309). In *Buddenbrooks* dagegen wird der Verfasser zum **eleganten Sprachvirtuosen**, der mit ausgefeilten semantischen und syntaktischen Mitteln arbeitet. Seine Sprache ist deshalb so **variantenreich**, weil die Romankomposition ganz **verschiedene Funktionen sprachlichen Ausdrucks** verlangt:

- In den szenischen Passagen und in den Briefen werden durch wörtliche Rede Spracheigentümlichkeiten der Romanfiguren wie Dialektfärbung (etwa: „Plattdeutsch"), gestelzt vornehmes oder einfaches Sprechen betont (etwa: S. 190).
- In den schildernden Passagen wird Sprache plastisch und gewinnt durch behutsame Metaphorik sogar lyrische Qualitäten, wie die Tony-Morten-Episode zeigt (etwa: S. 140).
- In den berichtenden und kommentierenden Textstellen bedient sich ein sprachgewandter Erzähler einer Hochsprache mit komplexer parataktischer oder hypotaktischer Gestalt (etwa: S. 438).
- In den sachlich präzisen und detaillierten Beschreibungen, die den Eindruck authentischer Darstellung machen, da sie durch historisch verbürgte Daten, Fakten und Namen angereichert sind, wird ein distanzierter Sprachgestus gepflegt (etwa: S. 610).

- In den Passagen, die aus anderen Werken in den Roman montiert wurden – etwa im „Typhuskapitel" –, benutzt der Verfasser eine wissenschaftliche, fachbegrifflich korrekte Sprache (S. 751 ff.).
- In den Porträts einzelner Romanfiguren wird Sprache mit überzeichnenden, gehäuften Adjektiven oft zum Mittel der Karikatur (etwa: S. 180).
- In den psychologisch vertiefenden Passagen zeichnet eine sehr sensible und oft energisch rhythmisierte Sprache in Klanggestalt und Syntax die psychische Befindlichkeit der Romanfiguren nach (etwa: S. 748 f.).

Stilistische Merkmale des „Thomas-Mann-Tons"

Additionsstil: Ein Sachverhalt wird behutsam umkreist, dabei klingt es, als ob die Formulierungen einander korrigierten.	*Und dieser unentwirrbare Druck, diese Spannung, diese wachsende Beklemmung des Organismus wäre unerträglich geworden, […] wenn nicht auf ihrem sofort erreichten Höhepunkt eine Abspannung, ein Überspringen stattgefunden hätte … ein kleiner, erlösender Bruch […].* (S. 247)
Reduktionsstil: Aussparungen lassen Leserfantasien zu, indem sie semantische Leerstellen schaffen.	*Aber unter den soliden, biederen und ehrenfesten Bürgern waren Viele, die den Kopf schüttelten … „Sonderbar … diese Toiletten, dieses Haar, diese Haltung, dieses Gesicht … ein bißchen reichlich sonderbar." Kaufmann Sörensen drückte es aus: „Sie hat ein bißchen was Gewisses …"* (S. 293 f.)
Stilbrüche: Divergierende Sprachebenen folgen einander ohne Übergang.	*„Aber nun soll man meine Tochter benachrichtigen!" fügte sie hinzu, stand auf und schritt auf den gestickten Klingelzug zu, der neben der Glastür hing. „Ja, Himmi Sakrament, werd' i a Freid' ha'm!" rief Herr Permaneder und drehte sich mitsamt seinem Lehnsessel der Tür zu.* (S. 327)
Alliterationen:	So in der Beschreibung Permaneders: „*in weicher Wölbung*"; „*graugrüner*"; „*steifem Stoff*"; „*kugelrunden Kopfe*" (S. 324)

Verschachtelung: Hypotaxen enthalten komplexe Satzgefüge, aber auch Satzreihen mit Nebensatzvarianten.	*Schon der Name dieses Mannes gemahnte gräßlich an jenes Geräusch, das im Kiefer entsteht, wenn mit Ziehen, Drehen und Heben die Wurzeln eines Zahnes* [...] (S. 512)
Anaphern:	*Es war über ihn gekommen mit seinen Weihen und Entzückungen, seinem heimlichen Erschauern und Erbeben, seinem plötzlichen innerlichen Schluchzen, seinem ganzen überschwänglichen und unersättlichen Rausche.* (S. 702)
Stauungen: In Hypotaxen werden Bemerkungen – oft i. S. ironisch-kritischer Seitenhiebe – eingeschoben.	*Außerdem mehrten die Besuche von Pastoren und Missionären sich von Jahr zu Jahr, denn das würdige Patrizierhaus in der Mengstraße, wo man, nebenbei bemerkt, so vorzüglich speiste, war in der Welt der lutherischen und reformierten Geistlichkeit, der inneren und äußeren Mission längst als ein gastlicher Hafen bekannt [...].* (S. 241)

5 Das Motivgeflecht

Ein „Soundtrack“, der die **Musikalität des Romans** zum Klingen brächte, enthielte den treibend-pulsierenden Up-Tempo-Beat des unbarmherzigen ökonomischen Wettbewerbs, die lautstarken Bässe der polternd unkultivierten Hagenströms, den melodiösen Liebreiz der „Tony-Morten-Romanze“ und der Episode mit der Blumenverkäuferin, die operettenhaften Eskapaden Tonys, gebrochen von den Dissonanzen des Bruderzwistes, von der Atonalität und den Mollakkorden, die Hannos gesamte Biografie bestimmen, verklingend im Fade-Out des stillen, leeren Hauses. Tatsächlich reklamiert Thomas Mann Richard Wagners Musikalität und dessen kompositorische Kunst für seinen Roman:

> *Wirklich ist es nicht schwer, in meinen „Buddenbrooks“, diesem epischen, von Leitmotiven verknüpften und verwobenen Generationszuge, vom Geiste des Nibelungenringes einen Hauch zu verspüren.* (Werke X, S. 840)

Mit virtuoser **Leitmotivtechnik** charakterisiert der Autor seine **Figuren**, indem er ihnen **bezeichnende Redewendungen** oder besondere **körperliche Attribute** zuschreibt. Dem Leser dienen solche Motive als zeichenhafte **Mittel der Orientierung, Wiedererkennung und Vorausdeutung**, vom Erzähler mal lapidar deskriptiv eingesetzt, mal ironisch karikierend benutzt. Als stabile Textelemente verklammern sie gleichsam „horizontal" die Auftritte der Figuren, verweisen zudem „vertikal" in die Tiefe der gedanklichen Struktur des Textes. Vor allem die wiederholt erwähnten körperlichen Verfallsmerkmale der Romanfiguren beschreiben auf plastische Weise die **Symptome der Dekadenz**.

Farbmotivik

Als die junge Braut Gerda Arnoldsen in der Mengstraße eintrifft, beschreibt sie der Erzähler so:

> *Gerda [...] war hoch und üppig gewachsen. Mit ihrem schweren dunkelroten Haar, ihren nahe bei einanderliegenden, braunen, von feinen bläulichen Schatten umlagerten Augen, ihren breiten, schimmernden Zähnen [...] war dieses siebenundzwanzigjährige Mädchen von einer eleganten, fremdartigen, fesselnden und rätselhaften Schönheit.* (S. 291 f.)

Es sind die „**bläulichen Schatten**", die Gerdas künstlerische Seite, **ihre Musikalität und ihre ätherische Zerbrechlichkeit** im weiteren Romanverlauf leitmotivisch ankündigen und begleiten. Geradezu mechanisch verweist der Erzähler wiederholt auf dieses Attribut: „dunkler als sonst lagerten in den Winkeln ihrer nahe bei einander liegenden braunen Augen bläuliche Schatten" (S. 343).

Hanno Buddenbrook zeigt jene bläulichen Schatten bereits als Neugeborener, wenn es heißt: „die Winkel [der Augen] aber, zu beiden Seiten der Nasenwurzel, sind tief und liegen in bläulichem Schatten." (S. 396) Immer wieder – etwa auf den Seiten

423, 461, 484, 546, 588, 620 und 627 – signalisiert dieses körperliche Attribut Hannos Wesensmerkmale, seine Feinfühligkeit und sein weltflüchtiges Außenseitertum. Die „bläulichen Schatten" werden zum **Epipheton**, zum sprachlich schmückenden Beiwort in Gestalt einer formelhaft wiederkehrenden Wendung. Schließlich symbolisieren die bläulichen Schatten **Hannos Todesnähe**, wenn er an der Bahre der Großmutter deren Verwesungsgeruch auf geradezu synästhetische Weise aufnimmt:

> *[...] und unter zusammengezogenen Brauen blickten seine goldbraunen von bläulichen Schatten umlagerten Augen blinzelnd, mit einem abgestoßenen und grüblerischen Ausdruck in das Antlitz der Leiche. Er atmete langsam und zögernd, denn bei jedem Atemzuge erwartete er den Duft, jenen fremden und doch so seltsam vertrauten Duft, den die Wolken von Blumengerüchen nicht immer zu übertäuben vermochten. Und wenn er kam, wenn er ihn verspürte, so zogen sich seine Brauen fester zusammen, und seine Lippen gerieten einen Augenblick in zitternde Bewegung...* (S. 588 f.)

„‚Also gelb sah er aus?' fragte er zum fünften Male ... ‚Was sagte das Mädchen, als es zu euch hereinstürzte?... Er sah also ganz gelb aus? [...]'" (S. 260) Hier erkundigt sich Christian nach dem sterbenden Jean Buddenbrook. „**Gelb**" wird im Romanverlauf zur **Signalfarbe für Tod und Unheil**. Auch der sterbende Lebrecht Kröger hat ein gelbes Gesicht (S. 195), die Hände der toten Konsulin sind gelb (S. 588), bei Claras Geburt lassen ihre „gelbe[n] [...] Fingerchen" (S. 57) ein kurzes, unglückliches Leben erwarten, Christian trägt gelbe Kleidung, einen „gelben und großkarierten Anzug, der durchaus etwas Tropisches an sich hatte [...]" (S. 258) und einen „gelben Stock" (S. 315), Grünlich, der nur Unheil in die Familie bringt, wird mit goldgelben Favoris angekündigt (S. 93), Hannos Klavierspiel vollzieht sich schließlich im „gelblichen Halbdunkel" (S. 747).

Zähne

Auch der **Zustand ihrer Zähne** erlangt für verschiedene Romanfiguren leitmotivische und damit symbolische Bedeutung. Schon beim jungen Thomas fällt auf: „Seine Zähne waren nicht besonders schön, sondern klein und gelblich." (S. 16) Später werden seine Zähne als „ziemlich mangelhaft" (S. 75) bezeichnet, schließlich stirbt er nach dem Besuch beim Zahnarzt (S. 676–680).

Thomas stirbt nach einem Zahnarztbesuch (Aufführung der Dramenversion am Südostbayerischen Städtetheater 2010).

Der schlechte Zustand von Hannos Zähnen, ebenfalls schon früh angekündigt (S. 512), veranlasst ihn zu dieser traurigen Bilanz:

Neulich sagte mir Herr Brecht, um meine Zähne sähe es jämmerlich aus, fast Alle seien schon unterminiert und verbraucht, nicht zu reden von denen, die ausgezogen sind. So steht es jetzt. Und womit werde ich beißen, wenn ich dreißig, vierzig Jahre alt bin? Ich habe gar keine Hoffnung ... (S. 744)

Wie geschickt der Autor verschiedene **Motivkreise** – hier: „gelb", „Zähne" und „Musik" – **verknüpft**, wird deutlich beim Auftritt des Dirigenten, der für Thomas wie ein **Todesbote** mit morbider Gestalt und lärmendem Orchester ausgerechnet auf dem Höhepunkt des Firmenjubiläums erscheint:

Dort unten ordnet sich eine Schar von fünfzehn oder zwanzig Männern mit Musik-Instrumenten, kommandiert von einem Herrn mit brauner Perücke, grauem Schifferbart und einem künstlichen Gebiß von breiten gelben Zähnen, das er laut redend zeigt ... (S. 490)

Hände

Farbe und Gestalt der Hände verraten bei vielen Romanfiguren deren Charakter und Schicksal. Johann Buddenbrook der Ältere zeigt seine **Hand als Werkzeuge des Kaufmanns** und als Ausdruck von Vornehmheit und Gepflegtheit: „Er blieb stehen und streckte dem Sohne die Hand entgegen, die weiße, ein wenig zu kurze aber feingegliederte Hand der Buddenbrooks." (S. 43) Thomas Buddenbrooks Hand, deren Beschreibung sich wie ein **komplexes Psychogramm** liest, deutet dagegen auf dessen ökonomisches und privates **Scheitern** hin:

> *aber er war bleich, und seine Hände im Besonderen, an deren einer nun der große Erb-Siegelring mit grünem Steine glänzte, waren weiß wie die Manschetten, die aus den schwarzen Tuchärmeln hervorsahen, – von einer frostigen Blässe, die erkennen ließ, daß sie vollkommen trocken und kalt waren. Diese Hände, deren schön gepflegte, ovale Fingernägel dazu neigten, eine bläuliche Färbung zu zeigen, konnten in gewissen Augenblicken, in gewissen, ein wenig krampfhaften und unbewußten Stellungen einen unbeschreiblichen Ausdruck von abweisender Empfindsamkeit und einer beinahe ängstlichen Zurückhaltung annehmen, einen Ausdruck, der den ziemlich breiten und bürgerlichen, wenn auch fein gegliederten Händen der Buddenbrooks bis dahin fremd gewesen war und wenig zu ihnen paßte …* (S. 253)

Gerda schließlich verrät etwas über die vermeintlich **unterdrückte Künstlernatur** der Buddenbrooks, wenn sie mit Blick auf Hanno zum Musiklehrer Pfühl sagt: „Er hat die Buddenbrookschen Hände … Die Buddenbrooks können Alle Nonen und Dezimen greifen. – Aber sie haben noch niemals Gewicht darauf gelegt" (S. 501).

Motivische Beschilderung

Einige Romanfiguren werden regelrecht „beschildert“, indem ihr Auftreten von der immer gleichen **Erwähnung körperlicher oder auch charakterlicher Eigentümlichkeiten** begleitet wird. So fallen Tony Buddenbrooks penetrante Beteuerungen ihrer Persönlichkeitsreife auf, die jedoch, weil stereotyp vorgetragen, ironisch wirken und eigentlich verraten, dass sie ihre **„Gans-Natur“** nie abgelegt hat. Der Leser glaubt ihr nicht, wenn sie von sich sagt: „Nun, man kann unmöglich sein Lebtag eine solche Gans bleiben, wie ich vor vier Jahren war ...“ (S. 234) oder wenn sie theatralisch klagt: „O Gott, ich war eine Gans früher, ein dummes Ding, Mama, aber das Leben hat mir das Vertrauen zu den Menschen genommen.“ (S. 282) Auch dem Erzähler mag man nicht vertrauen, wenn der urteilt: „und sie vesperten in der grünen Veranda wie ehemals ... nur daß [...] Madame Grünlich keine Gans mehr war, sondern das Leben kennen gelernt hatte [...].“ (S. 291) Schließlich stolpert Tony trotz Beteuerung des Gegenteils beim Flirt mit Alois Permaneder in eine neue „Gänse-Dummheit“: „Aber Eins darf ich hinzufügen: ich habe eine Entschuldigung, und die besteht darin, daß ich ein Kind war, als ich heiratete, eine Gans war ich, ein dummes Ding.“ (S. 352)

Tony (Reinhild Solf) kokettiert mit ihrer „Gans-Natur“; Szene aus der Wirth-Verfilmung von 1979.

Oft sind es die grotesk anmutenden körperlichen Schwächen und Gebrechen oder auch die stereotypen Verhaltensmuster und Phrasen, die den **Rand- und Nebenfiguren** zwar keine leitmotivisch-symbolische Tiefe geben, sie aber zu **verlässlichen**

Inventargrößen der Romanwelt werden lassen: Weinhändler Köppen sagt immer „Achung" statt „Achtung", Bankier Kesselmeier tritt stets „mit rudernden Armen" auf, Sesemi Weichbrodt kommt immerzu mit „knallenden Küssen" und mit der Phrase „Sei glöcklich, du gutes Kend", bei Alois Permaneder spielt der Erzähler stets auf dessen Schnauzbart an.

Das fixe Verhaltensrepertoire macht diese Figuren zu „**Statisten**" in doppeltem Wortsinn: Als Hintergrundpersonal dekorieren sie zahlreiche Szenen, mit der Statik ihres Benehmens lassen sie den **Verhaltenswandel** der an ihnen vorüberziehenden Hauptfiguren noch **drastischer beschleunigt** erscheinen.

6 Die Figuren

Johann Buddenbrook (der Ältere, 1765–1842)

„Er war kein beschränkter Kopf. Er hatte ein Stück von der Welt gesehen [...]" (S. 12) Das so beschriebene Familienoberhaupt der ersten Generation verkörpert den **Typus des** konservativen, genussfreudigen und lebensfrohen **Patriziers** mit gesundem Selbstwertgefühl und **stabiler Identität**. Aufgewachsen in der Epoche der **Aufklärung**, zeigt er nüchterne kaufmännische Grundsätze, Familiensinn, eine frankophile Verehrung für Napoleon und eine spöttische Haltung gegenüber dem Protestantismus, dem er eine „Verdunkelung der Kinderköpfe" (S. 12) vorwirft. Für ihn haben sein Sohn und mit ihm die junge Generation „[d]en Kopf voll christlicher und phantastischer Flausen ... und ... Idealismus!" (S. 46)

Als Heereslieferant in preußischen Diensten hat Johann Buddenbrook zur Zeit der Befreiungskriege gegen Napoleon sein Handelshaus aufgebaut, unterhält internationale Geschäftsbeziehungen und verfügt über eigene Lagerhäuser sowie eine Schiffsflotte. Er demonstriert **Standesbewusstsein**, indem er ein luxuriöses Haus als Statussymbol bezieht. Mit Literatur und Musik schmückt er seinen Alltag, genießt die Kunst jedoch ganz und gar leidenschaftslos. In seiner Sprache bedient er sich je nach Situation des „Plattdeutschen" (einem niederdeutschen Dialekt) und des Französischen, um Stimmungen und Gefühle – meist plattdeutsch – oder Lebensweisheiten zu äußern. Er zeigt sich damit regional verwurzelt und zugleich weltoffen. Da sein Sohn Gotthold nicht standesgemäß geheiratet hat, speist er ihn mit geringer Erbschaft und dem lapidaren Kommentar ab: „Mon très cher fils, du heiratest deinen Laden, Punktum. Ich enterbe dich nicht, ich mache kein spectacle, aber mit unserer Freundschaft ist es zu Ende." (S. 47)

Johann Buddenbrook ist skeptisch gegenüber Fremden und macht seinem Sohn Vorwürfe, als der das Kindermädchen Ida Jungmann ins Haus bringt. Für ihn verbinden sich **Geschäft und Privatheit** zu einem **prosperierenden „System Buddenbrook"**, mit dem er sich ganz und gar identifizieren kann: Was gut für die Firma ist, ist auch gut für die Familie! Sein Erwerbs- und Familienleben verläuft ganz und gar pragmatisch, ungetrübt durch Selbstreflexion, Metaphysik oder Religiosität.

Johann ist eine von beiderseitigem Respekt getragene Vernunftehe (Geldheirat) mit Antoinette Duchamps eingegangen, nachdem seine erste Frau bei der Geburt des Sohnes Gotthold gestorben war. Er trägt sein Herz auf der Zunge, reagiert später auf den Tod seiner Frau mit einem lapidaren „Kurios!" (S. 70) und verbringt seine letzten Tage in „nachdenkliche[r] Apathie" (S. 71), bis er im hohen Alter von 77 Jahren stirbt.

Antoinette Buddenbrook, geb. Duchamps

Johanns zweite Frau wird den Lesern als eine „korpulente Dame mit dicken weißen Locken über den Ohren", in einem Kleid, „das Einfachheit und Bescheidenheit verriet" (S. 8), vorgestellt. Antoinette entstammt einer angesehenen Familie. Ihre Vernunftehe mit Johann Buddenbrook ist von gegenseitiger Wertschätzung und großer Harmonie getragen (S. 54). Sie wird ihrem Gatten nicht nur äußerlich immer ähnlicher, sie trifft auch keine eigenmächtigen Entscheidungen. Stattdessen erfüllt sie mit Repräsentationsaufgaben die typische Frauenrolle im Bürgertum des 19. Jahrhunderts und wird nur in einer Erzählung von Pastor Wunderlich über eine Begebenheit aus dem Jahr 1806 als couragierte Person charakterisiert (S. 24 f.). Antoinette bleibt ansonsten eine Hintergrundfigur, der keine handlungstragende Funktion zukommt. Sie stirbt nach etwa vierzehntägiger Krankheit.

Johann (Jean) Buddenbrook (der Jüngere, ca. 1800–1855)

Der Sohn von Johann Buddenbrook senior aus dessen zweiter Ehe ist verheiratet mit Elisabeth (Bethsy), Vater von Thomas, Tony (Antonie), Christian und Clara und wird vom Erzähler meist „**Konsul Buddenbrook**" genannt. Bereits bei seinem ersten Auftritt zeigt er Symptome nachlassender Vitalität, wird als „nervös" bezeichnet (S. 9) und mit den Adjektiven „träumerischer", „ernster und schärfer" (ebd.) vom Vater abgegrenzt. Schon in seiner Jugend gab es Hinweise auf eine „Nervosität", die ihn damals zwang, einen geschäftlichen Aufenthalt in Antwerpen abzubrechen, um sich zu einer Kur nach Ems zu begeben (S. 172).

Jeans Lebensmotto ist „**Arbeite, bete und spare!**" (S. 174), was ihn jedoch als starre Normvorgabe oft „gespannt und besorgt" (S. 18) macht, zudem „gedankenvoll" (S. 22). Bei Claras Geburt wird seine tiefe Religiosität deutlich, die im persönlichen Credo „Ja Herr, ich will dich loben ewiglich!" (S. 53) gipfelt. Hier erweist er sich als ein sentimentaler Mensch mit schwärmerischer Frömmigkeit, dem der Erzähler später „unalltägliche, unbürgerliche und differenzierte Gefühle" attestiert (S. 259).

Die **Arbeit** ist für ihn **anstrengend und belastend** (S. 75), wird schließlich zum „Kampf" (S. 210). Der Erzähler schildert, wie Jean „mit zusammengebissenen Zähnen arbeitete und manches Gebet um Beistand in sein Tagebuch schrieb" (S. 75). Mit Mitte vierzig ist er bereits sichtlich gealtert (ebd.), seine Geschäfte kommen trotz aller Anstrengung und rigoroser Sparsamkeit auch im häuslichen Bereich kaum voran (S. 112).

Jean distanziert sich vom Schwiegervater, dem er „leichtfertiges Blut und […] unfromme Neigungen" (S. 82) unterstellt, und erweist sich selbst als **fantasielos und streng**, wenn es um die Erziehung seiner Kinder geht: Als er von Christians Eskapaden erfährt, sitzt er „beinahe gebrochen im Landschaftszimmer" (S. 82). Tony wird in eine behütende Pension gegeben. Da Jean ihr einen „argen Hang zu Hoffart und Eitelkeit" (ebd.) unterstellt, verbietet er ihr eine trivialromantische Lektüre.

Schließlich wählt er ohne Rücksicht auf Gefühle und Zukunftspläne der Tochter aus rein ökonomischem Zweckdenken den Ehemann für sie aus, wobei er auf Bendix Grünlichs frömmelnde Heuchelei hereinfällt. Er hält ihn für einen „christliche[n], tüchtige[n], tätige[n] und fein gebildete[n] Mann" (S. 99), preist dessen vermeintlichen Wohlstand mit Hinweisen auf Grünlichs „Bücher […] zum Einrahmen" (S. 111) und **erpresst Tonys Einwilligung zur Ehe** auf infame Weise, indem er für den Fall ihrer Weigerung Gottes Strafe und Grünlichs möglichen Suizid ins Spiel bringt:

> *… und wir wissen nicht, ob Du nicht einst würdest von einem höchsten Richter dafür haftbar gemacht werden, daß der Mann, dessen Gefühle Du hartnäckig und kalt verschmähtest, sich gegen sein eigenes Leben versündigte.* (S. 146)

Im Pakt mit der Kirche (S. 113) offenbart Jean eine **inhumane Pseudoreligiosität:** So schüchtert er Tony massiv ein und droht ihr wieder mit Gottesstrafe und Jüngstem Gericht, falls sie sich nicht den Heiratsplänen füge (S. 146), was den Erzähler zu der Bemerkung veranlasst, man müsse „Mitleid mit ihr haben" (S. 113). Auch die Verpflichtung gegenüber der Familientradition wird von Jean als Drohkulisse etabliert (S. 146). Ähnlich berechnend erweist er sich wenig später, als er mit Bendix Grünlich um die Mitgift feilscht (S. 159).

Der Konsul (Martin Benrath) übt Druck auf Tony (Reinhild Solf) aus; Szene aus der Wirth-Verfilmung von 1979.

Politisch ist der Konsul ebenfalls kaum empathiefähig: Als die 1848er Revolution die Stadt erreicht, bezeichnet er die protestierende Menge als eine „Anzahl ungezogener junger Leute" (S. 182), baut sich mutig vor ihnen auf, zeigt aber kein Verständnis für das soziale Leid armer Leute und beschwichtigt deren Proteste auf jovial bestimmende Weise (S. 191).

In den Folgejahren wird Jean Buddenbrook immer kränklicher (S. 241), entwickelt ein frömmelndes Sektierertum, führt strenge Rituale ein und öffnet sein Haus für Pastoren und Missionare, „schwarzgekleidete und langhaarige Herren" (ebd.). Schließlich inszeniert der Verfasser Jeans **Tod** mit einer **effektvollen Dramaturgie**, indem er diesen mit einem hereinbrechenden Unwetter synchronisiert (S. 245–248).

In einem frühen Gespräch mit dem Vater über die „Affäre Gotthold" hatte Jean bereits den Wunsch geäußert, es solle „kein heimlicher Riß durch das Gebäude laufen, das wir mit Gottes gnädiger Hilfe errichtet haben..." (S. 48) Er zeichnet damit ein unfreiwilliges **Selbstporträt**, denn der hier erwähnte **„Riß" spaltet die eigene Persönlichkeit** tief:

- Einerseits will er eine auf persönlicher Glaubenserfahrung beruhende **pietistische Grundhaltung** mit enthusiastischer Frömmigkeit und christlicher Nächstenliebe nach festen ethischen Prinzipien leben.
- Andererseits möchte er als **nüchtern kalkulierender** Geschäftsmann handeln, der die Interessen der Firma durchsetzt und dabei keine Skrupel zeigen darf.

Dieses **psychische Dilemma** schwächt seine Entscheidungsfähigkeit im alltäglichen Handeln, erzeugt zögerliche Nachdenklichkeit und körperliche Qualen und markiert das erste **Verfallssymptom** in der Generationenfolge der Buddenbrooks: Als Gotthold kurz nach dem Tod des Vaters fragt, ob er doch noch auf ein Erbe hoffen könne, geht Jean plötzlich auf kühle Distanz zum Bruder: „Und sofort ließ der Konsul seine Hand fahren, ja, er trat sogar eine Stufe zurück, und während seine runden, tiefliegenden Augen klar wurden, sagte er: ‚Nichts.'" (S. 72) Anschließend erklärt er schroff: „meine sonstigen Gefühle müssen schweigen." (ebd.)

Auch später entscheidet sich Jean für das Comptoir und gegen die Gebote der Bibel. Als er sich weigert, Bendix Grünlich vor dem Bankrott zu bewahren, tritt er bereits als ein gebrochener Mann auf: „Johann Buddenbrooks kleine, tiefliegende Augen trübten sich und umgaben sich plötzlich mit roten Rändern, die sich bis zu den Wangenknochen hinzogen." (S. 224) Die **ethische Fragwürdigkeit** seines Handelns ist ihm durchaus bewusst:

> *[...] und wieder durchschauerte ihn die schwärmerische Ehrfurcht seiner Generation vor menschlichen Gefühlen, die stets mit seinem nüchternen und praktischen Geschäftssinn in Hader gelegen hatte. Dieser Anfall aber währte nicht länger, als eine Sekunde.* (S. 226)

Jean verkörpert mit Biografie und Befindlichkeit den von **Nietzsche** so gekennzeichneten „religiösen Menschen als Typus der décadence" (Nietzsche, Werke, Kritische Gesamtausgabe, VIII, 3,

S. 157), dessen Fantasie Nietzsche als „die Phantasie des Entnervten und Überreizten" bezeichnet und bei dem er eine „moralische Nervösität" in Gestalt einer „folie circulaire" diagnostiziert. Damit ist eine Affektstörung bezeichnet, die beim Betroffenen episodische Lähmungen des Antriebs, der Aktivität und der Stimmung auslöst und die das bis dahin reibungslos funktionierende „System Buddenbrook" empfindlich schwächt.

Elisabeth (Bethsy) Buddenbrook, geb. Kröger

Bethsy ist eine elegante, vornehme Dame großbürgerlicher Herkunft, die stets um Familienwohl und „dehors", d. h. gesellschaftliches Ansehen, besorgt ist:

> *Sie war, wie alle Krögers, eine äußerst elegante Erscheinung, und war sie auch keine Schönheit zu nennen, so gab sie doch mit ihrer hellen und besonnenen Stimme, ihren ruhigen, sicheren und sanften Bewegungen aller Welt ein Gefühl von Klarheit und Vertrauen.* (S. 9)

Sie genießt **Respekt in der Familie** und hält diese traditionsbewusst mit Ritualen zusammen, indem sie alljährlich das glänzende Weihnachtsfest in der Mengstraße ausrichtet. In Erziehungsfragen scheint sie gelassener als ihr Mann (S. 82), fügt sich jedoch dessen Entscheidungen, wenn es um Tonys, Christians und Thomas' Zukunft geht.

Iris Berben als Elisabeth Buddenbrook in der Breloer-Verfilmung von 2008

Als ihre Tochter Clara stirbt, überlässt sie deren Erbe gegen den Widerstand von Thomas Pastor Tiburtius, schwächt damit das Firmenvermögen und beschleunigt so ungewollt den Verfall des Hauses. Bethsy übernimmt nach dem Tod des Konsuls die pietistische Frömmelei ihres Mannes und öffnet das Haus für umherziehende Prediger. Dabei bemerkt sie nicht, wie sie von den vermeintlich frommen Gästen ausgenutzt wird. Sie richtet zudem eine Sonntagsschule für Mädchen ein, hält regelmäßig Andachten im Haus und veranstaltet den „Jerusalemsabend", eine vom Erzähler ironisch belächelte Wohltätigkeitsveranstaltung mit Damen aus verschiedenen Gesellschaftskreisen. Im Herbst 1871 stirbt sie qualvoll an einer Lungenentzündung.

Bethsy verhält sich ganz und gar **rollenkonform**, indem sie sich dem **Patriarchat unterordnet** und ihrem Mann in familiären wie in religiösen Angelegenheiten bedingungslos folgt.

Thomas und Christian Buddenbrook

Man sollte von „**Thomaschristian**" sprechen, denn der Kaufmann kann ohne den Komödianten nicht existieren. Die Brüder verkörpern in ihren Biografien und in ihren psychischen Befindlichkeiten nur zwei extreme Pole einer **gedachten Doppelexistenz:** Thomas braucht den Außenseiter Christian als Projektionsfläche, um seine eigene Kaufmannsseele mit Selbstdisziplin, Entsagung und Triebfeindlichkeit stabil zu halten. Christian muss sich an der faden Bürgerlichkeit des Bruders reiben, um seinen Bajazzo-Status ausleben und genießen zu können. So entfaltet der Roman vor den Lesern zwei ineinander verwobene „**Synchron-Leben**" und zwei „**Synchron-Tode**", einen tatsächlichen (Thomas) und einen gesellschaftlichen (Christian).

Thomas Buddenbrook (1826–1875)

„Der Senator starb. Er schluchzte zwei oder drei Mal leise, verstummte und hörte auf, die Lippen zu bewegen. Das war die ganze Veränderung, die mit ihm vor sich ging; seine Augen waren schon vorher tot gewesen." (S. 685) So lapidar beschreibt der Erzähler das Sterben von Thomas Buddenbrook, der sich bereits lange vor seinem physischen Tod aus dem bürgerlichen Leben voller Anstrengungen, Pflichten und Forderungen verabschiedet hat.

Dabei beginnt alles so hoffnungsvoll: Als „solider und ernster Kopf" (S. 14f.) betritt er die Romanbühne: „er muß Kaufmann werden, darüber besteht kein Zweifel." (S. 15) In der Schule erweist er sich als „ein kluger, regsamer und verständiger Mensch" (S. 65), sein Benehmen ist „gleichmäßig und von verständiger Munterkeit" (S. 67). Mit 16 Jahren tritt er voller Zuversicht ins Geschäft ein: „Er blickte seinem Beruf mit Ernst und Eifer entgegen …" (S. 75), wobei dem Leser mit einem Blick auf das **Familienwappen vorausdeutend** signalisiert wird, wie ihn die schwere Bürde des Kaufmannserbes schließlich in Trübsal versinken lassen wird:

> *Um seinen Hals hing die lange goldene Uhrkette, die der Großvater ihm zugesprochen hatte, und an der ein Medaillon mit dem Wappen der Familie hing, diesem melancholischen Wappenschilde, das eine unregelmäßig schraffierte Fläche, ein flaches Moorland mit einer einsamen und nackten Weide am Ufer zeigte.* (S. 74)

Zunächst aber handelt Thomas ganz nach der Familienräson. Er rät Tony zur Vernunftehe mit Grünlich: „Wenn du übrigens den Hagenströms die Waagschale halten willst, so solltest du doch Grünlich heiraten!" (S. 117), exekutiert die Befehle des Vaters und holt die Schwester nach deren Romanze mit Morten Schwarzkopf mit den Worten „Dergleichen muß durchgemacht werden" (S. 154) aus Travemünde heim.

Er selbst unterhält während dieser Zeit eine heimliche Beziehung zur Blumenhändlerin Anna, die er jedoch mit Verweis auf seinen vorgezeichneten Lebensweg beendet: „Man wird getragen, siehst du … Wenn ich am Leben bin, werde ich das Geschäft übernehmen, werde eine Partie machen …" (S. 167f.)

Thomas setzt seine kaufmännische Ausbildung in Amsterdam fort, wo er sich gesundheitlich „nicht völlig auf der Höhe befindet“ (S. 172). Nach seiner Rückkehr wird er als „auffallend elegante Erscheinung“ (S. 234f.) beschrieben, die bei allem Glanz der Fassade eine **kränkelnde Konstitution** zeigt:

> *Aber das bläuliche, allzu sichtbare Geäder an seinen schmalen Schläfen [...] sowie eine leichte Neigung zum Schüttelfrost, die der gute Doktor Grabow vergebens bekämpfte, deutete an, daß seine Konstitution nicht besonders kräftig war.* (S. 235)

Nach dem Tod des Vaters agiert Thomas zunächst geschäftlich sehr erfolgreich. In diesen Jahren erweist er sich als „**Balancekünstler**“, der es versteht, das Gleichgewicht zu halten zwischen:

- **nüchternem Geschäftssinn:** „Die Sehnsucht nach Tat, Sieg und Macht, die Begier, das Glück auf die Kniee zu zwingen, flammte kurz und heftig in seinen Augen auf.“ (S. 256)
- **und extravagant sensibler Haltung:** „Er sprach ein mit spanischen Lauten untermischtes Französisch und setzte Jedermann durch seine Liebhaberei für gewisse moderne Schriftsteller satirischen und polemischen Charakters in Erstaunen ...“ (S. 235)

Im **Brief an die Mutter** scheinen sich Emotionalität und kaufmännisch kalkuliertes Handeln gewinnbringend zu ergänzen: „Ich verehre Gerda Arnoldsen mit Enthusiasmus [...]. Ich liebe sie, aber es macht mein Glück und meinen Stolz desto größer, daß ich, indem sie mein eigen wird, gleichzeitig unserer Firma einen bedeutenden Kapitalzufluß erobere.“ (S. 289f.) Thomas entwirft einen **Lebensplan**, in dem er geschäftliche und private Erfolge miteinander verknüpfen möchte: „Ich halte meine Carrière weder geschäftlich, noch, sagen wir scherzeshalber: politisch für beendigt ... aber das rechte Vertrauen der Welt gewinnt man erst, wenn man Hausherr und Familienvater ist.“ (S. 303)

Die Hochzeit mit Gerda (Nadja Tiller) markiert einen Höhepunkt in Thomas' (Hansjörg Felmy) Leben; Szenenbild aus der Verfilmung von Alfred Weidenmann.

In der Folgezeit entwickelt Thomas eine **„gehässige Verachtung"** (S. 314) gegenüber seinem Bruder Christian, den er nach heftigem Streit dazu drängt, die Firma zu verlassen. Er selbst beweist großes **geschäftliches Engagement:**

> *Er zeigte sich und sprach in Sitzungen und Versammlungen, verweilte an der Börse unter den gotischen Arkaden am Marktplatz, tat Inspektionsgänge an den Hafen, in die Speicher, verhandelte als Reeder mit Kapitänen ...* (S. 362)

Für Thomas bricht eine vermeintlich glückliche Zeit an, sein Sohn Hanno wird geboren, er wird zum Senator gewählt und man bezieht das neue Haus in der Fischergrube.

In dieser Situation gerät er jedoch unvermittelt in eine **erste Identitätskrise:**

> *Ich habe in den letzten Tagen oft an ein türkisches Sprichwort gedacht, das ich irgendwo las: „Wenn das Haus fertig ist, so kommt der Tod." Nun, es braucht noch nicht grade der Tod zu*

sein. Aber der Rückgang ... der Abstieg ... der Anfang vom Ende ... (S. 430 f.)

Der Erzähler stellt fest, dass „Thomas Buddenbrook mit zweiundvierzig Jahren ein ermatteter Mann war." (S. 466)

Geradezu **bizarr wirkt sein Äußeres**, dessen **Inszenierung immer aufwendiger** und anstrengender für ihn wird: „Im Laufe der Jahre hatte seine Pedanterie zugenommen und war zur vollständigen Wunderlichkeit geworden." (S. 468) Schließlich lähmt der **Selbstzweifel** sein geschäftliches Handeln und treibt ihn in einen „Zustand [...] argwöhnischer Verzagtheit" (S. 467), sodass er sich fragt: „War Thomas Buddenbrook ein Geschäftsmann, ein Mann der unbefangenen Tat oder ein skrupulöser Nachdenker?" (S. 469)

Als die **Geschäfte** dann tatsächlich **stagnieren**, lässt er sich, um sich noch einmal der eigenen Vitalität zu versichern, auf Zureden Tonys zu einer riskanten Transaktion – dem Kauf der Pöppenrader Ernte „auf dem Halm" – hinreißen, die ihm wiederum massive Verluste einbringt. Dadurch kommt es während des Firmenjubiläums zu einer **zweiten Identitätskrise:**

So grämte Thomas sich über das Benehmen des kleinen Johann, so grämte er sich über die Empfindungen, die diese ganze Feierlichkeit in ihm bewirkte [...] ... und dieses Gemisch von Rührung und Widerwillen gerade versetzte ihn in eine matte Verzweiflung ... (S. 491 f.)

Innerhalb der Familie zeigen sich wechselseitige **Entfremdung und Isolation:**

- Thomas findet keinen Zugang zur musikalischen Welt und damit zum leidenschaftlichen Gefühlsleben seiner Frau Gerda, die sich nun Leutnant Throta zuwendet.
- Alle Versuche, Hanno für das Geschäft zu begeistern, scheitern. Auch Hanno entfernt sich vom Vater, indem er sich an die Musik bindet. Es kommt kein wirklicher Dialog zustande, zwischen Vater und Sohn herrscht „besorgte Spannung" (S. 510).

Diese familiären Konflikte erweisen sich für Thomas als massive **narzisstische Kränkungen**, die sein ohnehin geringes Selbstwertgefühl erschüttern, ihm ein „erkaltetes und künstliches Leben“ (S. 619) bescheren und auf die er nur **hilflose, bizarre Antworten** findet:

- Mit Make-up und Garderobe **inszeniert und retuschiert** er seinen inzwischen maroden **Körper** und macht sich damit in der städtischen Öffentlichkeit lächerlich.
- Mit kleinen Ritualen und **neurotischen Zwangshandlungen** – er muss immer das „Licht in den Augen [...] fühlen“ (S. 615) – stützt er seine als halt- und konturlos empfundene Existenz bei öffentlichen Auftritten.
- Mit **Suizidgedanken** (S. 618) und **zielloser Grübelei** lässt er sich in Depressionen fallen.

In dieser verzweifelten Lebenssituation, in der „jede geringste Aktion unter Menschen zu einer anstrengenden und aufreibenden Schauspielerei geworden war“ (S. 615), kommt es zur zufälligen Lektüre einiger Passagen aus Arthur Schopenhauers Werk *Die Welt als Wille und Vorstellung*. Für ihn wird das **Leseerlebnis** zu einer rauschhaft epiphanischen **Glückserfahrung** mit erotischer und halluzinogener Tönung. Ein ozeanisches Gefühl der Auflösung seiner maroden Individualität erfasst ihn und er fühlt sich entfesselt und beseelt vom Gedanken einer großen Menschheitssymbiose, der mystischen Verschmelzung mit anderen glücklichen Individuen: „[...] vollständig berauscht von irgend etwas unsäglich Neuem, Lockendem und Verheißungsvollem, das an erste, hoffende Liebessehnsucht gemahnte.“ (S. 655)

Thomas Buddenbrook öffnet sich mit diesen **Erlösungsfantasien**, die eher an Nietzsches Philosophie als an Schopenhauer erinnern (vgl. *Interpretationshilfe*, Kap. 7), ein **philosophischer Medizinschrank**, dessen Präparate exakt dosiert und auf genau die Leiden abgestimmt scheinen, die seine Persönlichkeit zu zerstören drohen:

- Sein **Ausnahmezustand** wird gleichsam philosophisch **legitimiert**, indem er erfährt, dass er nicht allein steht und dass es sich bei seinem Selbst- und Weltverständnis um keine eingebildeten Symptome handelt (S. 654).
- Er rezipiert den Text wie ein laienhafter „Privatpatient“, der sich bevorzugter Behandlung und **Zuwendung** erfreut, indem er überwältigt jubelt: „Was ist zu mir gesprochen worden, zu mir, Thomas Buddenbrook, Ratsherr dieser Stadt, Chef der Getreidefirma Johann Buddenbrook ...?“ (S. 655)

Doch die so euphorisch klingende Selbstmedikation misslingt: Der kleine therapeutische Befreiungsschlag, der für ihn darin bestand, dass er nun seinen früheren **Hass auf die Welt als bloße Projektion seines Selbsthasses** begriff, sich also psychisch entlasten konnte, verblasst schon bald zu einem „bißchen Wahrheit, das er soeben hatte erschauen dürfen“ (S. 656). Der Kaufmannsalltag holt ihn mit ganzer Wucht ein und er spürt wieder die „Mauern seiner Vaterstadt, in denen er sich mit Willen und Bewußtsein eingeschlossen“ (S. 658) fühlt.

Schließlich ist ihm das **Leseerlebnis** sogar **peinlich** und Thomas **schrumpft** erneut **zum Getriebenen**, dem die alte „nervöse Pedanterie, die sich mit den Jahren seiner bemächtigt“, seine Tage „verzehrte“ (S. 660). Auf der Folgeseite nimmt er den eigenen Tod vorweg, wenn es heißt: „Endlich gab er Alles auf und stellte Alles Gott anheim.“ (S. 661) Die melancholisch vollzogene Reise ans Meer und die Schilderung der hässlichen Todesumstände wirken wie **groteske Nachrufe** und sind nur posthume narrative Illustrationen dieses frühen und schleichenden Abschieds aus der Welt.

Thomas hatte die **Geschäftsleitung** der Firma wie eine **Bühnenrolle** übernommen: Die Regieanweisungen werden vom Comptoirbuch und von den Vorfahren diktiert, Verlauf und Ausgang des Dramas stehen bereits früh fest, denn hier agiert ein **überforderter Mime**, der in zu große Kostüme geschlüpft ist.

Christian Buddenbrook

„Mir ist übel, Mama, mir ist *verdammt* übel!" Dieser **Hilferuf** des Jungen während des festlichen Empfangs in der Mengstraße signalisiert zu Beginn des Romans bereits leitmotivisch Christians **fragiles psychisches und körperliches Befinden** – „während seine runden, tiefliegenden Augen über der allzu großen Nase unruhig hin und her gingen" (S. 34) – sowie seine **Neigung zur Theatralik und zur Hypochondrie:** „Er hatte das ‚verdammt' nur aus übergroßer Verzweiflung hervorgestoßen" (ebd.).

Der Schrecken wird für die Familie kein Ende nehmen, denn was hier noch harmlos mit einem Pfirsichkern beginnt, geht über zahlreiche Provokationen bis hin zur angekündigten Heirat mit Aline Puvogel. Als „schwarzes Schaf" spielt Christian jahrelang den Provokateur, produziert Peinlichkeiten – etwa den Auftritt in der Theatergarderobe einer bewunderten Schauspielerin (S. 80f.) – und Skandale, kann weder mit Geld noch mit Menschen umgehen.

Bereits als Kind erweist er sich als **Komiker** – „ein wenig Tausendsassa", „ein wenig Incroyable", dem der Großvater attestiert: „'N Aap is hei!" (S. 15) Der Erzähler kennzeichnet ihn als „schon jetzt in beinahe lächerlicher Weise seinem Vater ähnlich" (ebd.). **Imitation** ist Christians Stärke: Er ahmt seinen Lehrer nach und spielt ihm Streiche, der Familie erscheint er „launenhaft, neigte einerseits zu einer albernen Komik und konnte andererseits die gesamte Familie auf die sonderbarste Weise erschrecken." (S. 67) Während Thomas bei Claras Geburt eine Schulmappe bekommt, symbolisiert das Geschenk für Christian dessen späteres Lebensdrama mit der **naiven Liebe zum Theater**, zur Zerstreuung und zur Provokation: „ein komplettes Kasperle-Theater mit Sultan, Tod und Teufel …" (S. 58)

Die ersten Lebensstationen des Jugendlichen sind **Ausbruchsversuche** aus väterlicher Obhut: Im Brief aus England berichtet er „eifrig von dem Londoner Leben und Treiben, ohne freilich seiner Tätigkeit bei Mr. Richardson eingehend zu erwähnen“ (S. 177), beweist in der Folgezeit ein „lebhaftes Wanderbedürfnis“ (S. 237), segelt nach Südamerika und bringt nach achtjährigem Aufenthalt nur ein paar alberne Trophäen seines Vagabundenlebens heim, „den Schnabel eines Schwertfisches und ein großes Zuckerrohr“ (S. 258).

Er kann auf den Tod des Vaters nur mit Verlegenheit reagieren, vergießt keine Träne und „es schien, als ob er nicht nur die undelikaten Äußerungen tiefer und feierlicher Gefühle, sondern auch die Gefühle selbst fürchtete und mied.“ (S. 259)

Nachdem ihn Thomas im Geschäft aufgenommen hat, zeigt er anfänglich gespielte Begeisterung: „Der Kaufmannsstand ist doch ein schöner, wirklich beglückender Beruf!“ (S. 269) Doch schon nach einer Woche lässt sein geschäftlicher Eifer nach und er verbringt die Bürozeiten mit „Zeitunglesen, Frühstückscigaretten-Rauchen und Cognactrinken“ (S. 271). Nachts unterhält er die Junggesellen im Club mit seinen Parodien, was den Erzähler veranlasst, ihn als Lebemann zu definieren: „kein Zweifel: Christian Buddenbrook war ein ‚Suitier‘“ (S. 272).

Christian (Th. Nunner) reagiert fassungslos auf Thomas' (Th. Klenk) Tod; Szene aus der Dramenfassung; Aufführung am Staatstheater Nürnberg 2009

Seine Haltung gegenüber der Firma wendet sich in offenen Protest, er beginnt „mit Spott und Verachtung von der Arbeit zu sprechen.“ (S. 273) Auch seine **hypochondrischen Selbstbe-**

obachtungen nehmen zu: Immer neue Krankheitszeichen, Schluckbeschwerden und Atemnot (S. 311), entdeckt er an sich und verärgert damit den Bruder. Als Thomas von Christians entwürdigender Affäre mit einer „Statistin vom Sommertheater" (S. 313) erfährt, hat er nur noch „gehässige Verachtung" (S. 314) für den Bruder übrig. Christians Bemerkung im Club: „Eigentlich und bei Lichte besehen sei doch jeder Geschäftsmann ein Gauner…" (S. 317) führt dann zum ersten heftigen Streit zwischen den Brüdern und zu Christians Abschied aus der Firma. In Hamburg wird er kaufmännisch tätig, scheitert aber bald und kehrt mit der Diagnose heim, er habe auf der linken Seite zu kurze Nerven (S. 404). Zudem beichtet er dem Bruder, er sei der Vater des Kindes von Aline Puvogel.

Christian begibt sich wieder nach London, muss jedoch bald darauf nach Hamburg zurückkehren, weil sich seine Gesundheit verschlechtert und ein „Gelenkrheumatismus" diagnostiziert wird. Nach einem Kuraufenthalt bezieht er ein Zimmer im elterlichen Haus in der Mengstraße, erhält ein kleines Taschengeld und verbringt die Abende wieder im Club. Als er Thomas nach dem Tod der Mutter mitteilt, er wolle Aline Puvogel heiraten, kommt es zum erneuten Streit zwischen den Brüdern (S. 574–582; vgl. *Interpretationshilfe*, S. 121 ff.).

Schließlich verbringen sie ein paar Tage an der See, wo Christian voller Resignation äußert: „Ich mag gar nicht mehr auf der Welt sein" (S. 669). Als Thomas stirbt, reagiert er mit Flucht und Sprachlosigkeit, kann wieder keine Gefühle zeigen. Er siedelt nach Hamburg über, wo ihn Aline Puvogel nach weiteren „Wahnideen und Zwangsvorstellungen" (S. 700) schließlich in eine psychiatrische Anstalt einweisen lässt.

Christian verkörpert als **dekadenter Dilettant** einen **Typus**, wie er im späten 19. Jahrhundert die Aufmerksamkeit zahlreicher Literaten fand. Die Bemerkungen des französischen Autors Paul Bourget lesen sich wie ein Kurzporträt Christian Buddenbrooks:

> *Zu fünfundzwanzig Jahren ist er mit allen Gedanken fertig. Gutes und Schlechtes, Schönheit und Hässlichkeit, Tugend und Laster erscheinen ihm als Gegenstände zur Befriedigung der Neugier, als nichts weiter. [...] Für ihn ist nichts wahr, nichts falsch, nichts moralisch, nichts unmoralisch.* (Bourget, zit. n. Wieler, S. 17)

Eine ähnlich treffende Definition legt Gabriel Scailles vor, wenn er schreibt:

> *Sie geben sich nicht dem Lauf des Lebens hin, das uns fortträgt, ohne dass wir darum wissen. Sie richten ihre Aufmerksamkeit immer auf sich selbst [...]. Sie wohnen der Geburt und der Entfaltung ihrer Gefühle bei [...]. Sie verschaffen sich Gemütsbewegungen, um sie zu genießen, und ihr Genießen ist ein recht kaltes." (ebd., S. 18)*

Als ein solcher „**Lebensbeobachter**" und „**Gefühlstourist**", der die Welt mit spielerisch-distanzierter Unverbindlichkeit wahrnimmt, erscheint Christian von Beginn an. Zugleich ist er mit einem **egozentrischen Gespür** ausgestattet, das ihn befähigt und zugleich verdammt, auf die eigene Befindlichkeit zu lauschen.

Statt jedoch selbst kreativ zu werden, erschöpft sich Christian in bloßer **Nachahmung**, die für ihn der einzige Weg ist, Nähe zu anderen Menschen zu erleben. Das wird deutlich, wenn er einen Klaviervirtuosen imitiert und plötzlich mit dem Seufzer abbricht: „Ja, es ist wahrhaftig wunderschön, ein Künstler zu sein!" (S. 263) Dabei ist **Kunst** für ihn keine gestaltende Tätigkeit, sondern nur berauschendes, **selbstvergessenes Erleben**. So sucht er im Theater keineswegs die Auseinandersetzung mit Stücken und deren Gehalt, sondern die bloße Dekoration, die vereinnahmende Aura der Bühne, die ihn beseelt: „Ich könnte stundenlang stillsitzen und den geschlossenen Vorhang ansehen ... Dabei freue ich mich wie als Kind, wenn wir hier herein zur Weihnachtsbescherung gingen ..." (S. 261)

Auf pointierte Weise zeigt er damit Züge der literarischen Gestalt des **Bajazzo**, einer Clownsfigur, die Thomas Mann bereits in seiner gleichnamigen Novelle aus dem Jahr 1897 vorgezeichnet hatte: jenen Menschen, der vom Künstlerdasein träumt, allerdings zu keiner eigenen schöpferischen Leistung in der Lage ist. Immer wieder erwähnt der Erzähler Christians **rastlos umherschweifende Augen**, die seine **Bajazzo-Existenz** leitmotivisch begleiten und treffend symbolisieren, indem sie hinweisen auf:

- die innere Halt- und Rastlosigkeit, die einmal vom Bruder als „Abenteuerlust“ (S. 237) bezeichnet wird.
- die Unfähigkeit, einen verweilenden, „haftenden Blick“ und damit wirkliches Interesse und Empathie für seine Gesprächspartner zu zeigen. Stattdessen reagiert er oberflächlich, selbstbezogen und unsensibel.
- den Zerfall ganzheitlicher Wahrnehmung in einzelne unverbundene, bizarr wirkende Segmente. Christian kann nicht mehr zwischen Wichtigem und Unwichtigem unterscheiden, wie seine Darstellung erster Kaufmannserlebnisse zeigt: „Man schreibt, man hat gutes, glattes, reinliches Firmenpapier, eine gute Feder… Lineal, Papiermesser, Stempel, Alles ist prima Sorte, ordentlich…“ (S. 269) Eine Haltung, die Tony ängstigt: „‚Gott, Christian!‘ rief Tony. ‚Du machst dich ja lächerlich! […]‘“ (S. 270)

Schließlich erweist sich Christian als genießender, auf den Moment fixierter **Dandy**, der die Clubunterhaltung liebt, mit Halbweltdamen verkehrt und den Applaus seiner Junggesellenfreunde sucht.

Auch als **hypochondrischer Selbstbeobachter** nutzt er Krankheitszeichen vornehmlich, um die Aufmerksamkeit seiner Umgebung zu bekommen, wobei der Leser bis zum Schluss nicht darüber aufgeklärt wird, in welchem Maße es sich nur um eingebildete Leiden handelt.

Der Verfall vollzieht sich in Christians Leben als unerbittliche **Auflösung und Auslöschung**, wobei das körperliche Siechtum der psychischen Zerstörung vorausgeht. Als jugendlicher Clown darf er noch den Applaus des Publikums entgegennehmen. Später wird er zum „beschäftigungslosen Geschichtenerzähler“ (S. 443). Seine zweite Lebenshälfte stellt sich als Prozess einer dramatischen **Regression** dar, einer zunehmenden **Verkindlichung**, die mit widerstandslos ertragenen **Demütigungen** durch den Bruder beginnt, sich über die hilflose Rückkehr ins Elternhaus – er wird wieder Kind! (S. 538) – bis hin zur symbolischen Entsorgung – „Wir vergessen ihn ja!“ (S. 572) –, Entmündigung und Psychiatrisierung im Heim vollzieht.

Tony (Antonie) Buddenbrook

Tony wird von den Interpreten meist als **positive Frauengestalt** wahrgenommen, als „**Lesers Liebling**“, dem auch die Sympathien des Erzählers gelten. So wird sie nach dem Tod ihres Kindes aus der Ehe mit Alois Permander als „Arme Tony!“ (S. 368) bezeichnet, und auch Thomas nennt sie so, als er sie aus Travemünde holt (S. 154), um ihre Beziehung zu Morten Schwarzkopf zu beenden.

Tony tritt auf als sich selbst treu bleibender, **unanfechtbarer Charakter** in einer vom Niedergang gezeichneten Umgebung. Mit ihr schafft der Autor eine wohltuend **vitale Kontrastfigur** zu Thomas und Christian. Im Roman ist sie allgegenwärtig: oft als Akteurin, aber auch handlungsbegleitend als enge Vertraute ihres Bruders Thomas, schließlich als robuste „Überlebende“, die dank ihrer immer noch **intakten bürgerlichen Identität**, ihrer „wiegenden und elastischen Zuversichtlichkeit“ (S. 60) sämtliche Krisen und Niederlagen übersteht. Aus dem **unternehmungslustigen Mädchen** mit Hang zu kleinen Eskapaden wird jedoch eine **sozial angepasste Bürgerstochter**, die schließlich ein beschäftigungsloses, sinnentleertes Singledasein führt.

Als Achtjährige eröffnet Tony die Romanhandlung mit ihrem „Was ist das. – Was – ist das …“ (S. 7), wird als hübsches, selbst- und standesbewusstes Mädchen vorgestellt (S. 60), keck, stolz, zu jedem kindlichen Unfug bereit, dabei voller „Gemeinsinn und Nächstenliebe“ (S. 63). Ihre **Lebensthemen** klingen bereits in einer Kindheitsepisode an, die sie Morten Schwarzkopf anvertraut und viele Jahre später noch einmal Hanno erzählt (S. 639):

> *„Wollen Sie wissen, wie dumm ich früher war?“ sagte Tony. „Ich wollte die bunten Sterne aus den Quallen heraus haben. Ich trug eine ganze Menge Quallen im Taschentuche nach Hause und legte sie säuberlich auf den Balkon in die Sonne, damit sie verdunsteten … dann mußten die Sterne doch übrig bleiben! Ja, schön … Als ich nachsah, war da ein ziemlich großer nasser Fleck. Es roch nur ein bißchen nach faulem Seetang …“* (S. 134f.)

Tonys **Glückssuche** wird ein Leben lang erfolglos bleiben, drei Männer – Bendix Grünlich, Alois Permaneder und ihr Schwiegersohn Weinschenk – werden sie maßlos enttäuschen, voller Selbstmitleid wird sie immer wieder von sich als „dumme Gans“ sprechen, Hagenströms Benehmen wird sie kränken. Doch bis zum Schluss wird sie an „bunte Sterne“ glauben, Mortens Freiheitsfantasien zitieren, von guten alten Zeiten träumen und das Kaufmanns- und Familienethos der Buddenbrooks in Ehren halten.

Der Romanauftakt charakterisiert Tony als stolzes, selbstbewusstes und impulsives Kind: „Sie ging in der Stadt wie eine kleine Königin umher, die sich das gute Recht vorbehält, freundlich oder grausam zu sein, je nach Geschmack und Laune.“ (S. 64) Der **kreative Nonkonformismus dieser ersten Lebensphase** drückt sich in kleinen Grenzüberschreitungen, in „offenkundige[m] Unfug“ (S. 63) und im Schreiben von Liebesbriefen an einen Gymnasiasten (S. 83) aus, was den Vater dazu veranlasst, sie in die Obhut eines Mädchenpensionats zu geben (S. 79).

Sie wartet nicht auf Morten Schwarzkopfs Liebeserklärung am Strand, ergreift vielmehr selbst die **Initiative** und gesteht ihm offen ihre Gefühle: „Ich habe Sie lieber, als Alle, die ich kenne." (S. 143) Dabei beherrscht sie die Szene, denn „sie schob nur ganz leise ihren Oberkörper am Sandberg ein wenig näher zu ihm hin, und Morten küßte sie langsam und umständlich auf den Mund." (S. 144)

Umso radikaler wirkt das entmündigende Verhalten des Vaters, der die Achtzehnjährige wie ein Kind behandelt, ihre Beziehung verspottet und alles ihrem „Flattersinn" zuschreibt. Tony bringt schließlich gehorsam das **Selbstopfer**, entschließt sich zur Heirat mit dem verhassten Bendix Grünlich, während sie sich bei der Lektüre der Chronik andächtig von der auratischen Gewalt der Familientradition bannen lässt:

> *... und ihr Herz pochte feierlich. Ehrfurcht vor sich selbst erfüllte sie, und das Gefühl persönlicher Wichtigkeit, das ihr vertraut war, durchrieselte sie, verstärkt durch den Geist, den sie soeben hatte auf sich wirken lassen, wie ein Schauer.* (S. 158)

Diese erotisch konnotierte „**Vereinigung mit der Familie**" ist zugleich der **Initiationsakt für Tonys zweiten Lebensabschnitt:** Aus dem „Trotzkopf" wird die gehorsame Tochter.

Das **Trauma** der gescheiterten Ehe mit Grünlich äußert sich bei ihr in einer „**Schockstarre**", die das einst eloquente Mädchen verstummen lässt. Auf die wiederholte Nachfrage ihres Vaters, ob sie Grünlich noch liebe, antwortet sie mehrfach mit einem „Gewiß, Papa" (S. 212) und es dauert lange, bis sie gesteht: „... er war mir immer widerlich ..." (S. 217)

Tony richtet sich schließlich in der elterlichen Wohnung und in der neuen **Opferrolle** als geschiedene Frau ein:

> *Aber Tony besaß die schöne Gabe, sich jeder Lebenslage mit Talent, Gewandtheit und lebhafter Freude am Neuen anzupassen. Sie gefiel sich bald in ihrer Rolle als eine von unverschuldetem Unglück heimgesuchte Frau [...]* (S. 231).

Zu Thomas sagt sie später: „Was soll ich treiben? Mein Leben liegt hinter mir … […] Manchmal heule ich vor Langer Weile." (S. 300) So heiratet sie Alois Permaneder nicht aus Liebe, sondern um über Julchen Möllendorpf zu triumphieren (S. 349) und einen **gesellschaftlichen Makel** loszuwerden: „denn die Hauptsache ist und bleibt, daß ich wieder unter die Haube komme und hier nicht länger als geschiedene Frau herumliege …" (S. 340) Als auch diese Beziehung scheitert, setzt sie alle Hoffnung auf eine glückliche Zukunft ihrer Tochter Erika, wobei der Erzähler ironisch von „Tony Buddenbrooks dritte[r] Ehe" (S. 447) spricht. Sie wird jedoch auch hier enttäuscht, da sich Hugo Weinschenk als Hochstapler entpuppt.

Tony (Liselotte Pulver) und Alois Permaneder (Walter Sedlmayr) bilden ein ungleiches Paar; Szene aus der Weidenmann-Verfilmung von 1959.

Tonys **dritter Lebensabschnitt** ist geprägt von ihrer **innigen Beziehung zu Thomas**, für den sie eine **quasi-therapeutische Bedeutung** erlangt, indem sie ihm in geschäftlichen und familiären Angelegenheiten einfach nur zuhört, sich ihm aber auch mit eigenen Problemen anvertraut, wenn sie etwa ernüchtert ihr vermeintlich verfehltes Leben bilanziert: „Ich habe immer so innig gewünscht, es zu etwas zu bringen im Leben und ein bißchen Ehre einzulegen … Nun bricht auch dies zusammen." (S. 553) Beide verbindet eine intime Vertrautheit, der Bruder flirtet mit ihr (S. 91f.), sie liebt ihn (S. 341) und er schwärmt von ihr, „weil sie einfach nicht imstande ist, sich zu verstellen, nicht über tausend Meilen weg …" (S. 309) So bilden beide **das eigentliche Paar** im Zentrum des Romans.

Als „Zeremonienmeisterin" beim Firmenjubiläum und als **symbolische Hüterin der Familienehre** ist Tony von nun an stets präsent: In geschäftlichen Dingen nach wie vor ahnungslos, überredet sie dennoch den Bruder zum Kauf der Pöppenrader Ernte (S. 457). Selbst finanziell abhängig und unselbstständig, wie es ihre Frauenrolle gebietet, versucht sie in allen Erbangelegenheiten das eigene Wohl zu sichern.

Um die Fassade familiären Ansehens zu erhalten, distanziert sie sich immer mehr von Christian, mit dem sie sich als Kind stets verbunden gefühlt hatte. Schließlich **erstarrt** sie in einer **nostalgisch verklärenden Haltung**, betrauert die alten Zeiten und reagiert weinerlich auf den Verkauf des Hauses: „‚Unser Haus!', murmelte sie … ‚Ich weiß noch, wie wir es einweihten … […]'" (S. 584) und später:

> *Als wir klein waren und ‚Kriegen' spielten, Tom, da gab es immer ein ‚Mal', ein abgegrenztes Fleckchen, wohin man laufen konnte, wenn man in Not und Bedrängnis war […], dies Haus hier war mein ‚Mal' im Leben, Tom …* (S. 585)

Bis zum Schluss bewahrt sich Tony die Sehnsucht nach Familie und Vergangenheit, wenn sie die Hinterbliebenen nach Hannos Tod einlädt: „Einmal in der Woche kommt ihr zu mir zum Essen … Und dann lesen wir in den Familienpapieren –" (S. 757) Mit der Lektüre der Chronik verschafft sie sich eine **narrative**

Identität und macht sich so selbst zum Teil einer **Familienlegende**, die ihr Kraft und Zuversicht spendet.

Heutzutage würde man Tonys Persönlichkeit als „**resilient**" bezeichnen und damit die vornehmlich in der eigenen Kindheit erworbenen **psychischen Kräfte** jener „**Steh-auf-Mentalität**" meinen, die sie dazu befähigen, persönliche Niederlagen und Schicksalsschläge unbeschadet zu meistern. So verordnet sie sich auch nach dem Verkauf ihres Elternhauses an Familie Hagenström eine bis dahin immer wirksame Medizin, ihr „unbedenkliches, erquickendes Kinderweinen, das ihr in allen Stürmen und Schiffbrüchen des Lebens treu geblieben war." (S. 609) Tony gerät, obwohl auch sie nach drei erlittenen Ehedramen körperlich angeschlagen wirkt, **nicht in den Sog des Verfalls**, der ihre Brüder erfasst, weil sie:

- eine **Naivität** und **Spontaneität** besitzt, die sie zwar oberflächlich, aber auch stets zuversichtlich erscheinen lässt und ihr Denken vor metaphysischer Grübelei bewahrt.
- ein von Unterwerfungsbereitschaft und Gehorsam geprägtes **weibliches Rollenverständnis** offenbart, das sie bei aller Fremdbestimmung auch psychisch entlastet, indem es Verantwortungs- und Entscheidungsdruck von ihr nimmt.
- eine **fatalistische Grundhaltung** bewahrt, die dazu führt, dass sie „ihre Eigenschaften feststellte und anerkannte … ohne Unterschied und ohne den Versuch, sie zu korrigieren." (S. 203)
- eine **kindlich-magische Idealisierung** von Herkunft, Stand und Familie zeigt, die ihre Identität stabilisiert, ihr dauerhaft **Stolz und Selbstwertgefühl** verleiht und sie oft dünkelhaft hochnäsig erscheinen lässt.

Ein scheinbar unerschöpfliches **Trostreservoir** findet sie in ihren **Erinnerungen** an Morten Schwarzkopf, in ihren romantischen Lektüren, in eigenen Tränen und in kleinen Siegen, die sie ab und zu über Hagenströms oder Julchen Möllendorpf davonträgt.

Gerda Buddenbrook, geb. Arnoldsen

Die spätere Ehefrau von Thomas Buddenbrook wird als eines der Mädchen vorgestellt, die zusammen mit Tony in der Pension der Sesemi Weichbrodt leben:

> *[...] und Gerda Arnoldsen, die in Amsterdam zu Hause war, einer eleganten und fremdartigen Erscheinung mit schwerem, dunkelrotem Haar, nahe beieinander liegenden braunen Augen und einem weißen, schönen, ein wenig hochmütigen Gesicht.* (S. 86)

Gerda benimmt sich **eigenwillig, distanziert und extravagant**, zeigt künstlerische Ambitionen und wird von den anderen Mädchen wegen ihres Geigenspiels als „albern" bezeichnet (S. 87).

Die Plaudereien im Pensionat enthalten bereits dunkle Vorausdeutungen auf ihre spätere Ehe mit Thomas Buddenbrook, wenn Gerda auf Tonys Idee: „du solltest [...] einen von meinen Brüdern heiraten ..." nur gelangweilt reagiert: „und gähnte mit einem kleinen zierlichen und nachlässigen Seufzer, wobei sie den Handspiegel vor den Mund hielt." (S. 89) Sie träumt eher von einer **Künstlerexistenz**, möchte mit ihrem Vater in Amsterdam Duos spielen und dort bei der Schwester leben.

Als Thomas sie später als Braut ins Haus holt, wird Gerda wiederum als „Mädchen von einer eleganten, fremdartigen, fesselnden und rätselhaften Schönheit" (S. 292) beschrieben, und auch hier heißt es: „unter den Damen befanden sich manche, die Gerda Arnoldsen ganz einfach ‚*albern*' fanden; wobei daran zu erinnern ist, daß ‚albern' einen sehr harten Ausdruck der Verurteilung bedeutete." (S. 294)

Gerda kultiviert ihre **Sonderstellung im Familienverbund**, hasst Ausflüge in die Natur – „Gerda war wegen des Staubes aufs Neue in eine nervöse Verzagtheit verfallen" (S. 351) – und möchte allem am liebsten fernbleiben:

Sie, deren Wohnräume meistens verhängt, im Dämmerlicht lagen, und die selten ausging, fürchtete die Sonne, den Staub, die festtäglich gekleideten Kleinbürger, den Geruch von Kaffee, Bier, Tabak ... und über alles in der Welt verabscheute sie die Erhitzung, das Dérangement. (S. 343)

Thomas findet keinen Zugang zu Gerdas Musikbegeisterung. Szene aus der Dramenfassung; Theater in der Josefstadt in Wien 2008

Tatsächlich bleibt Gerda ein **Fremdkörper** in der Lübecker Gesellschaft, unnahbar, unergründbar und ganz und gar **alterslos** neben dem siechenden Thomas: „Sie erschien gleichsam konserviert in der nervösen Kälte, in der sie lebte und die sie ausströmte." (S. 643 f.) Ihr Verhalten, vor allem die spätere Beziehung zu Leutnant von Throta, gibt immer wieder Anlass zu Spekulationen: „Diese Frau, deren Wesen so kühl, so eingezogen, verschlossen, reserviert und ablehnend war, und die nur an ihre Musik ein wenig Lebenswärme zu verausgaben schien, erregte unbestimmte Verdächte." (S. 644) Auch für Thomas bleibt Gerda von Beginn an fremd und zugleich faszinierend. Nach der Hochzeitsreise sagt er zu Tony:

Daß übrigens auch Gerda Temperament besitzt, das beweist wahrhaftig ihr Geigenspiel; aber sie kann manchmal ein bißchen kalt sein ... [...] Sie ist eine Künstlernatur, ein eigenartiges, rätselhaftes, entzückendes Geschöpf. (S. 303)

Ein paar Zeilen später wird Gerda mit bissiger Ironie vom Erzähler als „Mutter zukünftiger Buddenbrooks“ (ebd.) vorgestellt.

Im Verlauf ihrer Ehe wendet sie sich immer leidenschaftlicher der Musik zu. Thomas reagiert mit Unverständnis, Angst und Resignation, Gerda wirft ihm Banausentum vor (S. 509) und „infiziert“ Hanno mit ihrer **Wagner-Begeisterung**. Schließlich „entschwebt“ sie feenhaft – „O Gott, dieses Weib … sie ist eine Fee!“ (S. 427) – als gleichsam überirdisches Wesen aus der Welt der Buddenbrooks: „Gerda nahm nichts mit und ging fort wie sie gekommen war.“ (S. 757)

Mit der Figur der Gerda setzt Thomas Mann seiner Mutter Julia da Silva-Bruhns ein literarisches Denkmal:

> *Noch lieber freilich folgte ich meiner Mutter beim Musizieren … hier kauerte ich stundenlang in einem hellgrau gesteppten Fauteuil und lauschte dem wohlgeübten, sinnlich feinfühligen Spiel meiner Mutter.* (Autobiographisches, S. 258)

Bemerkenswert ist schließlich das Urteil des Maklers Gosch: „Welch ein Weib, meine Herren! Here und Aphrodite, Brünnhilde und Melusine in einer Person …“ (S. 295) Als verführerisches Wasserwesen **Melusine** symbolisiert Gerda die **magische Verlockung Wagnerscher Musik**, von der Nietzsche sagte:

> *Die Absicht, welche die neuere Musik in dem verfolgt, was jetzt, sehr stark, aber undeutlich, „unendliche Melodie“ genannt wird, kann man sich dadurch klar machen, daß man in's Meer geht, allmählich den sicheren Schritt auf dem Grunde verliert und sich endlich dem Elemente auf Gnade und Ungnade übergibt: man soll schwimmen.* (Nietzsche, Bd. 2, S. 1043)

Als „**femme fatale**“ verkörpert Gerda Züge des in der Literatur des Fin de siècle populären Frauentypus' einer **dämonischen Verführerin**, die den **psychischen Verfall von Thomas beschleunigt**, indem sie dessen Verlangen weckt, ihn jedoch aus der Sphäre rauschhaften musikalischen Erlebens ausgrenzt und ihn so in die grüblerische Isolation treibt.

Hanno (Johann) Buddenbrook (1861–1877)

Schon die **Geburt** des Kindes, das „ganz unscheinbar" (S. 396) aussieht und „sonderbar lautlos zur Welt kam" (S. 397), erweist sich als **kleines Drama**, denn beinahe wäre es mit ihm gegangen „wie mit Antoniens zweitem Töchterchen" (ebd.).

Der Autor stattet den Jungen gleich zu Beginn mit **Symptomen körperlicher Schwäche**, **mangelnder Vitalität und künstlerischer Sensibilität** aus, erwähnt Hannos „bläuliche Schatten" um seinen Augen und lässt Pfiffi bemerken, „das Kind sehe ziemlich ungesund aus" (S. 398). Zudem entfacht er ein ganzes Feuerwerk an symbolträchtigen Gesten und Handlungen, die allesamt **auf Hannos frühen Tod vorausdeuten**. Dazu gehören:

- die Diskrepanz zwischen der euphorisch erwartungsfrohen Ankündigung durch einen jubelnden Erzähler und dem realen Geschehen: „Ein Stammhalter! Ein Buddenbrook! Begreift man, was das bedeutet?" (S. 396)
- der eher zu einer Beerdigung passende Auftritt des Speicherarbeiters Grobleben in schwarzem Rock mit blassem, bereits blätterndem Rosenstrauß, dessen mahnende Worte an den Tod denken lassen: „wi müssen all tau Moder warn, tau Moder ... tau Moder ...!" (S. 401)
- die Wahl altersschwacher und gebrechlicher Taufpaten wie Justus Kröger und Bürgermeister Oeverdieck (S. 399).
- der weltabgewandte Gesichtsausdruck des Jungen, dessen Kopf bei der Taufe „ein wenig seitwärts und unachtsam vom Pastor abgewandt" liegt (S. 396).

Hanno lernt nur sehr langsam gehen und sprechen, wird beim Zahnen von lebensbedrohlichen Krampfanfällen heimgesucht und leidet später als Schulkind unter diffusen Ängsten.

Bereits in jungen Jahren ist Hanno ein schlechter Schüler (S. 483); als er im Familienkreis ein Gedicht vortragen soll, versagt er (S. 484f.); Schlafstörungen und Wahnvorstellungen quälen ihn, die Dr. Grabow als **„pavor nocturnus"** diagnostiziert:

> *„Oh! oh! oh!", ein vor Grauen überlauter, entrüsteter und verzweifelter Protest, der sich gegen etwas Abscheuliches richten mußte, was sich zeigte oder geschah ... Im nächsten Augenblick stand der kleine Johann aufrecht im Bette, und während er unverständliche Worte stammelte, blickten seine weitgeöffneten, so eigenartig goldbraunen Augen, ohne etwas von der Wirklichkeit wahrzunehmen, starr in eine gänzlich andere Welt hinein ...* (S. 462)

Diese **„gänzlich andere Welt"** ist für Hanno die Musik, die ihm seine Mutter vorlebt und nahe bringt. Er beweist dabei „stummen und leidenschaftlichen Eifer" (S. 501) und erhält Unterricht durch den Organisten Pfühl. Dieser „erschien ihm wie ein großer Engel, der ihn jeden Montag Nachmittag in die Arme nahm, um ihn aus aller alltäglichen Misere in das klingende Reich eines milden, süßen und trostreichen Ernstes zu entführen ..." (S. 503) Beim Vorspiel wird Hanno „bleich vor Erregung" (S. 505), zeigt eine solche **Hingabe an die Musik**, „daß er in vollständiger Entrücktheit Alles um sich her vergessen hatte." (S. 506) Für ihn gewinnt das Klavierspiel einen rauschhaft euphorischen Charakter, wodurch er sich sehr bald **vom Vater entfremdet**, der Hannos Begeisterung als Bedrohung wahrnimmt:

> *Diese träumerische Schwäche aber, dieses Weinen, dieser vollständige Mangel an Frische und Energie war der Punkt, an dem der Senator einsetzte, wenn er gegen Hannos leidenschaftliche Beschäftigung mit der Musik Bedenken erhob.* (S. 512)

Hanno liebt das Puppentheater und die Musik Richard Wagners. Thomas setzt andere Akzente dagegen, versucht dem Sohn kaufmännisches Denken und Grundwissen zu vermitteln, nimmt ihn mit in die Welt der Lagerhäuser, verordnet ihm Besuche beim Zahnarzt und veranlasst die Gabe von Lebertran und Rizinusöl, um seine Widerstandskräfte zu stärken. Das Gegenteil tritt jedoch ein, Hanno verschließt sich immer mehr und sein Verhältnis zum Vater wird „kälter und fremder" (S. 522). Intuitiv und hellsichtig, „mit einem seltsamen, quälenden Scharfblick" (S. 627) erfasst er dessen wahre Befindlichkeit. Es kommt zu einem einzigen **Moment der Verständigung**, als Hanno die „leise, angstvoll bewegte und beinahe beschwörende Stimme [...] seines Vaters" (S. 650) vernimmt, der Gerda dabei belauscht, wie sie mit Herrn von Throta musiziert: „Und siehe da, bei diesem Klange schlug der kleine Johann seine goldbraunen Augen auf und richtete sie so groß, klar und liebevoll wie noch niemals auf seines Vaters Gesicht" (S. 650).

Thomas' (Norman Hacker) Erwartungen an Hanno (Max McMahon) werden enttäuscht. Szene aus der Dramenfassung; Thalia Theater Hamburg 2005

Hanno **fürchtet sich** vor allem **vor der Schule**, wo er sich von furchtbaren Menschen umgeben fühlt. Die Demütigungen eines einzigen Vormittags werden in einem ganzen Romankapitel ausgebreitet. Hanno leidet an der **dumpfen Autorität der Lehrer**, an ihren starren Ansichten und Forderungen, an dieser völlig **fantasielosen Gegenwelt** zu der noch am Vorabend im Konzert erlebten Musik.

Allein in seinem Freund **Kai Graf Mölln** findet Hanno einen Vertrauten. Kai ist ebenso sensibel und einzelgängerisch, kann sich aber den Kummer von der Seele schreiben und übersteht angstvolle Szenen mit Humor. Hanno gesteht ihm seine Ohnmacht und seinen Lebensverdruss: „Wir denken dasselbe, aber du schneidest eine Fratze und bist stolz ... Ich kann das nicht. Ich werde so müde davon. Ich möchte schlafen und nichts mehr wissen. Ich möchte sterben, Kai!" (S. 743) Bereits zuvor hatte Hanno einen Schlussstrich unter seinen Namen in den Familienpapieren gezogen: „Ich glaubte ... ich glaubte ... es käme nichts mehr ..." (S. 524)

Die **Musik** gerät dem Jungen zum **ekstatischen Ausbruchsversuch**, der jedoch misslingt, weil dabei nur ein kakophoner Klangbrei entsteht, kein Ergebnis gestaltender Musikalität, sondern akustischer Ausdruck seelischer Verstimmtheit:

> *Und nun begann ein unaufhaltsamer Wechsel von Begebenheiten, deren Sinn und Wesen nicht zu erraten war, eine Flucht von Abenteuern des Klanges, des Rhythmus und der Harmonie, über die Hanno nicht Herr war, sondern die sich unter seinen arbeitenden Fingern gestalteten, und die er erlebte, ohne sie vorher zu kennen ...* (S. 749)

Hannos Kunstschaffen entpuppt sich hier als reiner **Dilettantismus in großer Nähe zum imitierenden Onkel Christian**, der die Klangfolgen des Neffen ähnlich ekstatisch als pantomimische Partituren vorführte. Beide haben das gleiche **unreflektierte und unmittelbare Verhältnis zur Kunst**, Hanno zur Musik und Christian zum Theater: Die Gegenstände ihrer Bewunderung rücken ihnen in eine so vereinnahmende und **kraftraubende „Leibnähe"**, dass jedes analytische Vermögen stirbt und nur betäubende Erlebnisstrudel, überwältigende Faszination und stummer Nachvollzug übrig bleiben. Schon die Gedichte, die Hanno lernen musste, gingen ihm so nah, dass ihre Gestalten für ihn lebendig und bedrohlich wurden (S. 463).

Im Rausch eigenen Musizierens kann Hanno gar nicht mehr wahrnehmen, was durch ihn hindurch und mit ihm geschieht: „Was geschah? Was wurde erlebt? Wurden hier furchtbare Hindernisse bewältigt, Drachen getötet, Felsen erklommen, Ströme durchschwommen, Flammen durchschritten?“ (S. 749) Nach dem Spiel verlässt der Junge den Schauplatz wie ein verwundeter Virtuose: „Hanno saß noch einen Augenblick still, das Kinn auf der Brust, die Hände im Schoß. Dann stand er auf und schloß den Flügel. Er war sehr blaß, in seinen Knieen war gar keine Kraft, und seine Augen brannten.“ (S. 750) Erschöpft, lebensmüde und infektanfällig stirbt Hanno am Typhus.

Das **Verfallsmotiv** zieht sich wie ein roter Faden durch seine Biografie und lässt bereits früh Lebensekel und Todessehnsucht erkennen:

- Der Junge kränkelt von Geburt an, zeigt **körperliche Defekte und psychische Anomalien**.
- Er leidet unter massiven **Versagensängsten** sowohl gegenüber väterlichen wie auch gegenüber schulischen Anforderungen.
- Nüchternes Leistungsdenken und Gewinnstreben sind ihm fremd, stattdessen neigt er zu **Selbstaufgabe und Willensschwäche**.
- Der Rückzug in die Welt der **Musik ist vereinnahmend, unproduktiv und erschöpfend**.

Für Thomas Mann stellte die „Geschichte des sensitiven Spätlings Hanno“ die Keimzelle der *Buddenbrooks* dar. Die Novelle **„Tonio Kröger“**, die 1903 veröffentlicht wurde, nimmt mit der Titelfigur die Charakterzüge Hannos auf und gewährt ihm damit ein **literarisches Weiterleben**.

Die Randfiguren

Außerhalb des Buddenbrookschen Familienterrains wird der Roman von Figuren mit bohemienhaften, unbürgerlichen Biografien und Lebensentwürfen bewohnt. Hier tummelt sich ein **Kontrast-Personal**, von dem Verlockungen, Provokationen und Irritationen für die Hauptfiguren ausgehen, während jedoch **kaum wirkliche Kommunikation** stattfindet:

Morten Schwarzkopf präsentiert sich als oppositioneller **Burschenschaftler** und idealistischer Schwärmer, der Tony mit flammenden Plädoyers für die Fortschritts- und Freiheitsideen des politischen **Vormärz** begeistern möchte, dabei aber kläglich scheitert, denn Tony versteht weder die gesellschaftspolitischen Zusammenhänge noch Mortens Diktion, reagiert vielmehr mit kindlicher Fantasie und naivem Unglauben auf dessen Rede: „Tony, die ihn, das Kinn in die Hand gestützt, von der Seite betrachtete, überlegte einen Augenblick ernstlich, ob er selbst wohl wirklich geholfen haben könne, Napoleon zu vertreiben." (S. 137) Hier meldet sich der Erzähler mit feiner Ironie, indem er den überzogenen Fanatismus Mortens durch die banalen Bemerkungen Tonys entzaubert: „‚Jaja', sagte Tony. ‚Alles gut. Aber lassen Sie mich das Eine fragen … Was geht Sie das eigentlich an? Sie sind ja gar kein Preuße …'" (S. 138) Eine wirkliche Verständigung findet nicht statt, **Morten scheitert** in seinem Bemühen, Tony als Vertreterin der Bourgeoisie für seine politischen Ideen zu begeistern.

Anna Iwersen, Mädchen aus dem Blumenladen und Geliebte von Thomas Buddenbrook, verkörpert das **Gegenbild zur kaltspröden Gerda Arnoldsen**, steht für zärtliche Liebe, Herz und Hingabe. Die Begegnung mit Thomas bei dessen Abschied nach Amsterdam führt nicht zur Aussprache. Anstatt einen wirklichen Dialog zu führen, bleibt Anna sprachlos und „gehorcht" nur der bürgerlichen Firmen- und Familienräson, die eine Beziehung zwischen einer einfachen Verkäuferin und einem Buddenbrook verbietet. An die Stelle des Dialogs treten **Gehorsam und Verzicht:** „‚... du bist ein kluges Mädchen, du hast niemals etwas von Heiraten gesagt und dergleichen ...' ‚Nein, behüte!... daß ich das von dir verlange ...'" (S. 167) Jahre später, beim Richtfest in der Fischergrube, blickt Thomas „eine Sekunde lang hell, fest und freundlich in das Gesicht Frau Iwersens" (S. 426) und wendet sich ab, ohne ein Wort mit ihr zu tauschen. Schließlich wirft die erneut schwangere Anna Iwersen einen letzten, verstohlenen Blick auf Thomas' Leichnam, wobei ihre Erscheinung das Gegenbild kommenden Lebens darstellt: „Es wäre schwer gewesen, den Ausdruck ihrer bleichen und verwischten Wöchnerinnenzüge bei Namen zu nennen." (S. 690)

Hagenströms rivalisieren und konkurrieren in allen Bereichen des geschäftlichen und öffentlichen Lebens mit Buddenbrooks. Sie steigen auf, während Buddenbrooks untergehen, und bemächtigen sich schließlich des Hauses in der Mengstraße. Als **omnipräsente Bedrohung** wirken sie im Hintergrund, treten oft als Familienclan auf und stoßen durch körperliche Eigentümlichkeiten ab. Für Tony, scheinbar lebenslang traumatisiert von der ersten Begegnung und dem plumpen Kussversuch Hermanns (S. 62 f.), repräsentieren sie das Böse schlechthin. Viel später noch reagiert sie mit einem Magenkrampf auf die Behauptung, „Hagenströms seien die Crème der Gesellschaft" (S. 700).

Im Romanverlauf gewinnen Hagenströms eine **psychohygienische Bedeutung** für Buddenbrooks: Sie dienen als **Projektionsfläche für die eigenen Schwächen** und tragen so dazu bei, die Fassade eigener Normalität und wohlanständiger Bürgerlichkeit aufrechtzuerhalten. Alles gesellschaftlich Verpönte findet man angeblich bei Hagenströms. Sie sind Regelverletzer, Spielverderber, Banausen und Betrüger. Der so verhassten, „hergelaufene[n]" (S. 116) Familie, dem „Geschmeiß" (S. 238), wird vor allem von Tony, aber auch von Thomas vorgeworfen:

- Vernunftehen aus bloßer Berechnung einzugehen (S. 116),
- mit Ellenbogenmentalität zu handeln (S. 116),
- Prinzipienlosigkeit an den Tag zu legen (S. 174),
- Arroganz zu zeigen (S. 237),
- skrupellose Geschäftspraktiken zu betreiben (S. 457),
- mit Prasserei und Schlemmerei zu prahlen (S. 348 f.).

In der Beschreibung der abstoßenden körperlichen Merkmale Hermann Hagenströms findet man zudem **rassenbiologische, antisemitische Stereotype:** Zunächst wird auf die vermeintlich **jüdische Herkunft** seiner Mutter hingewiesen, dann wird seine **markante Nase** an zahlreichen Stellen hervorgehoben: „und seine Nase – die Nase seiner Mutter – lag auffallend platt auf seiner Oberlippe." (S. 348) Schließlich liegt sie „platter als jemals auf der Oberlippe und atmete mühsam in den Schnurrbart hinein" (S. 601).

Der Erzähler rückt **Hermann Hagenström** jedoch auch in ein mildes Licht, indem er zeigt, dass seine Erfolge eben nicht auf unlauteren Methoden beruhen:

> *Das Neuartige und damit Reizvolle seiner Persönlichkeit, das, was ihn auszeichnete und ihm in den Augen Vieler eine führende Stellung gab, war der liberale und tolerante Grundzug seines Wesens. Die legere und großzügige Art, mit der er Geld verdiente und verausgabte, war etwas anderes als die zähe, geduldige und von streng überlieferten Prinzipien geleitete Arbeit seiner kaufmännischen Mitbürger.* (S. 409)

Damit wird Hagenström zum **Gegenbild von Thomas Buddenbrook**, dessen rigider Zwangscharakter im Kontrast zur Großzügigkeit und Gelassenheit Hermanns steht. Insgesamt unterliegen Hagenströms jedoch den gleichen gesellschaftlichen Prozessen, es wird sie nur später treffen. Hinweise darauf gibt das Schicksal von Julchens Schwiegervater, dem alten Möllendorpf, der unter bizarren Umständen beim Tortenessen stirbt (S. 407). Hermanns Bruder Moritz Hagenström ist bereits als

Kind schwächlich und zeigt auch später „mit flacher Brust und gelblichem Teint“ (S. 348) Merkmale drohenden Verfalls. Damit präsentiert der Verfasser – ganz im Geist Schopenhauers – die Biografien der Buddenbrooks, der Hagenströms und vor ihnen der Ratenkamps (S. 22) als schicksalhaft zyklische Vollzüge historischen Auf- und Niedergangs.

Der Kaufmann und Pastorensohn **Bendix Grünlich** aus Hamburg hält um Tonys Hand an. Die weist ihn wiederholt ab, kann ihn nicht ausstehen, willigt jedoch schließlich auf Drängen des Vaters in eine Heirat ein. Bald darauf wird die gemeinsame Tochter Erika geboren, doch die Ehe ist nicht glücklich, denn Grünlich erweist sich als Mitgiftjäger und Bankrotteur. Jean Buddenbrook verweigert dem Schwiegersohn jede weitere finanzielle Hilfe, holt Tony nach Hause und man veranlasst schließlich die Scheidung.

Auch mit dieser Figur zeichnet Thomas Mann eine freche Karikatur mit abstoßenden körperlichen Merkmalen: „Sein Gesicht, unter dem hellblonden, spärlichen Haupthaar war rosig und lächelte; neben dem einen Nasenflügel aber befand sich eine auffällige Warze.“ (S. 93)

Der Betrüger Grünlich erweist sich als **eloquenter Verstellungs- und Verwandlungskünstler**, indem er in grundverschiedenen Rollen auftritt und die Menschen seiner Umgebung nachhaltig täuscht:

- Als beredter christlicher Geschäftsmann überzeugt er Jean und Bethsy von seiner Seriosität. (S. 92 ff.)
- Als innig Liebender rührt er Tony. (S. 110)
- Als energischer Besitzbürger weist er Morten Schwarzkopf in die Schranken. (S. 148 ff.)
- Als reuiger Sünder fleht er Jean um Geld und Gnade an. (S. 226)

Mit dieser Figur werden **Gutgläubigkeit und Naivität** von Jean und Bethsy ebenso **entlarvt** wie die familiären **Macht- und**

Einschüchterungsstrukturen, die Tony schließlich veranlassen, auf den geliebten Morten zu verzichten und den verhassten Mann zu heiraten.

Die Anregung zu **Alois Permaneder** lieferte Thomas Mann die Karikatur eines dickbäuchigen Wirtshausgastes, die in der Zeitschrift *Simplicissimus* abgebildet war: Alois Permaneder verkörpert **Lebensfreude und Muße**, ist gesellig und unterhaltsam, hat umgeben von Lübecker Kaufmannshektik längst für sich die Langsamkeit entdeckt, lässt sich nicht an die Kette der gemäßigten Wohlanständigkeit legen, trägt sein Herz auf der Zunge und gerät mit den vermeintlich feinen Leuten aneinander. Schon sein erster Auftritt lässt sowohl eine ironisch karikierende Darstellung wie auch **Erzählersympathie** spüren:

> *Der hellblonde, spärliche, fransenartig den Mund überhängende Schnurrbart gab dem kugelrunden Kopfe mit seiner gedrungenen Nase und seinem ziemlich dünnen und unfrisierten Haar etwas Seehundsartiges. [...] Dies gab dem solcher Art verquollenen Gesicht einen Mischausdruck von Ergrimmtheit und biederer, unbeholfener, rührender Gutmütigkeit.* (S. 324 f.)

Tony heiratet ihn in zweiter Ehe und zieht mit ihrer Tochter nach München. Permaneder benutzt die Mitgift, um sich zur Ruhe zu setzen. Nachdem er sich eines Abends betrunken an der Köchin vergreifen will, kommt es zu einer heftigen Auseinandersetzung zwischen den Eheleuten. Tony reist anschließend bestürzt ab, Permaneder willigt in die Scheidung ein und zahlt ihr schließlich die Mitgift zurück.

Mit Stilbrüchen im bayerischen Dialekt und entlarvender Offenheit hält Permaneder den feinen Leuten den Spiegel vor und macht sie immer wieder sprachlos: „Mamsell Jungmann vergaß vor Erstaunen, auch wenn sie einen Bissen im Munde hatte, beständig zu kauen und blickte den Gast sprachlos aus ihren blanken, braunen Augen an [...]“ (S. 331); „Die Konsulin verharrte [...] in freundlicher Verständnislosigkeit [...]“ (ebd.)

Während eines Ausflugs poltert er laut grüßend in das gespannte Schweigen zwischen Buddenbrooks und Möllendorpfs, indem er frisch und lebendig grüßt: „‚Wünsch' recht an guat'n Morg'n!' – Worauf die Senatorin Möllendorpf ihr Lorgnon zur Hand nahm …" (S. 348)

So ist Thomas Mann mit dieser Figur eines peinlich polternden, zügellosen Lebemannes ein ironisch gewürzter, humorvoller Münchner **Gegenentwurf zur** bieder und blasiert wirkenden **Lübecker Kaufmannschaft** gelungen.

Karikatur aus dem Simplicissimus von 1897, die Thomas Mann als Vorlage für die Figur des Alois Permaneder diente.

Inventarfiguren

Einige Romanfiguren bewegen sich vornehmlich im Haus Buddenbrook, sind episodisch präsent, fungieren entweder als stilles Inventar (**Klothilde**), als Spiegel und verlässlicher Dialogpartner für Aussprachen (**Ida Jungmann**), als unverwüstliches, Halt und Orientierung vermittelndes Original (**Sesemi Weichbrodt**) oder als ahnungsvolle Auguren und neidvoll spöttelnde Kritikerinnen (**Henriette, Friederike und Pfiffi**). Das Schlusswort im Roman darf Fräulein Weichbrodt sprechen. Ihr stereotypes „Sei glöcklich, du gutes Kend!" hatte sich zuvor bei keinem der Buddenbrooks erfüllt, sodass ihr Schlusskommentar zu Friederikes Idee eines Wiedersehens im Jenseits nun als „frommer Wunsch" gelesen werden kann, dem der Verfasser durch die Inszenierung ihres Auftritts eine **triumphale, zuversichtliche Tönung** gibt:

> *„Es ist so!" sagte sie mit ihrer ganzen Kraft und blickte Alle herausfordernd an. Sie stand da, eine Siegerin [. . .], bucklig, winzig und bebend vor Überzeugung, eine kleine, strafende, begeisterte Prophetin.* (S. 759)

7 Die philosophischen Einflüsse

Thomas Mann war zeitlebens kein „Dichterphilosoph" und *Buddenbrooks* ist kein „philosophischer Roman", dennoch zeigen sich hier zahlreiche Einflüsse des **„Dreigestirns seiner Jugend"**, wie er die Philosophen **Arthur Schopenhauer** und **Friedrich Nietzsche** sowie den Komponisten **Richard Wagner** selbst bezeichnet.

Mit ähnlicher Begeisterung wie nachher Thomas Buddenbrook im Roman hat Thomas Mann die eigene **Schopenhauer-Lektüre** erlebt. Dazu schreibt er später:

> *Aber die Stunde kam, die mich lesen ließ, und so las ich denn, Tage und Nächte lang, wie man wohl nur einmal liest. An meiner Erfülltheit, meiner Hingerissenheit hatte die Genugtuung über die machtvolle sittlich-geistige Verneinung und Verurteilung der Welt und des Lebens in einem Gedankensystem, dessen symphonische Musikalität mich im tiefsten ansprach, einen bezeichnenden Anteil.* (Werke XI, S. 111)

An anderer Stelle heißt es:

Ihm [Thomas Buddenbrook, d. Verf.], der mir mystisch-dreifach verwandten Gestalt, dem Vater, Sprössling und Doppelgänger schenkte ich das teure Erlebnis, das hohe Abenteuer, in sein Leben, dicht vor dem Ende, wob ich es erzählend ein, denn mir schien, daß es ihm wohl anstehe. (Werke XII, S. 72)

Arthur Schopenhauer (1788–1860)

Schopenhauers Ideen, vor allem das Kapitel „Über den Tod und sein Verhältnis zur Unzerstörbarkeit unseres Wesens an sich" aus dem Werk *Die Welt als Wille und Vorstellung*, werden hier also zum **Autorengeschenk** an Thomas Manns Romanfigur, erweisen sich als **philosophisches Trost- und Hoffnungsgebäude** für einen von Todessehnsucht, Sinnverlust und innerer Leere geplagten Menschen. Diese spenden Trost:

- weil nach Schopenhauer das menschliche Wesen nicht mit den Begriffen Denken, Bewusstsein oder Vernunft erfasst werden kann. Der **Intellekt** sei vielmehr nur ein **Diener des Willens**. Damit bezeichnet Schopenhauer die Urkraft eines blinden, triebhaften Strebens, die jedem Menschen innewohne. Thomas Buddenbrook darf mithin erkennen, dass sein eigener Pessimismus nur diese irrationale Weltbeschaffenheit im Sinne Schopenhauers abbildet.
- weil mit Schopenhauers Konzept, in dem die **Welt als bloße Imagination** betrachtet wird, die menschliche **Individualität** und damit die Mythen von Freiheit, Leistung und Selbstverwirklichung ebenso **infrage gestellt** werden wie der Angst

vor dem Scheitern jeder Grund genommen wird. Zu diesem **„entlastenden" Subjektverständnis** heißt es bei Schopenhauer: „Denn im Grunde ist doch jede Individualität nur ein specieller Irrthum, Fehltritt, etwas das besser nicht wäre, ja, wovon uns zurückzubringen der eigentliche Zweck des Lebens ist." Und an anderer Stelle: „Es wird ihm [dem Menschen] dann deutlich und gewiß, daß er keine Sonne kennt und keine Erde; sondern immer nur ein Auge, das eine Sonne sieht, eine Hand, die eine Erde fühlt…" (zit. n. Spierling, S. 47)

- weil sich der Mensch durch **Mitleid als einem „Einfühlen in Andere"** aus der Beherrschung durch den dumpfen Willen zu einem **ozeanischen Aufgehobensein in der Welt** und zu einem Gefühl der Allverbundenheit mit dem Menschentum befreien kann. In Schopenhauers Worten klingt das so: „Wo sie [die Güte des Herzens] in hohem Grade vorhanden ist, macht sie das Herz so groß, daß es die Welt umfaßt, so daß jetzt Alles in ihm, nichts außerhalb liegt. […]; da sie ja alle Wesen mit dem eigenen identifiziert." (zit. n. Spierling, S. 93)
- weil in der Idee des **Überdauerns von Ideen und Wesenskräften** die Angst vor dem individuellen Tod genommen wird. So heißt es bei Schopenhauer: „Wie die zerstäubenden Tropfen des tobenden Wasserfalls mit Blitzesschnelle wechseln, während der Regenbogen, dessen Träger sie sind, in unbeweglicher Ruhe fest steht, ganz unberührt von jenem rastlosen Wechsel; so bleibt jede Idee, d.i. jede Gattung lebender Wesen, ganz unberührt vom fortwährenden Wechsel ihrer Individuen. Die Idee aber, oder die Gattung, ist es, darin der Wille zum Leben eigentlich wurzelt und sich manifestirt: daher auch ist an ihrem Bestand allein ihm wahrhaft gelegen. Z. B. die Löwen, welche geboren werden und sterben, sind wie die Tropfen des Wasserfalls; aber die leonitas, die Idee, oder Gestalt, des Löwen, gleicht dem unerschütterten Regenbogen darauf." (Schopenhauer, Bd. 4, S. 566)

Neben diesem Schopenhauer-Erlebnis ist die Philosophie des Autors in einem weiteren Element des Romans präsent. Die zentrale Aussage von Schopenhauers Essay *Transscendente Spekulation über die anscheinende Absichtlichkeit im Schicksale des Einzelnen* lautet:

> *Daß Alles, ohne Ausnahme, was geschieht, mit strenger Nothwendigkeit eintritt [...], daß, so sehr auch der Lauf der Dinge sich als zufällig darstellt, er es im Grunde doch nicht ist, vielmehr alle diese Zufälle selbst [...] von einer tief verborgenen Nothwendigkeit umfaßt werden, deren bloßes Werkzeug der Zufall selbst ist.* (Schopenhauer, Bd. 7, S. 222)

Entsprechend zwangsläufig vollzieht sich der **degenerative Prozess** nachlassender Vitalität nach dem Muster von **Schopenhauers Fatalismus** in der Generationenfolge der Buddenbrooks, zyklisch und unausweichlich passieren die **Verfallsgeschichten der Familien** Ratenkamp, Buddenbrook und Hagenström.

Die kleine „Schlusspointe" in Thomas' Reflexionen, die Hoffnung auf ein **Weiterleben in Gestalt eines idealen Knabens** – ein ironischer Seitenhieb auf Hannos Unvollkommenheit – kann jedoch als Absage an die pessimistisch lebensverneinende Philosophie Schopenhauers verstanden werden:

> *Irgendwo in der Welt wächst ein Knabe auf, gut ausgerüstet und wohlgelungen, begabt, seine Fähigkeiten zu entwickeln, gerade gewachsen und ungetrübt, rein, grausam und munter, einer von diesen Menschen, deren Anblick das Glück der Glücklichen erhöht [...]. Das ist mein Sohn. Das bin ich.* (S. 658)

Hier klingt der **lebensbejahende Glücksbegriff aus der Philosophie Friedrich Nietzsches** an, in der sich der Verfasser als **Verkünder eines neuen Menschentums** versteht. Bei Thomas Mann heißt es dazu später: „Wenn aber ich auf eine Formel, auf ein Wort bringen sollte, was ich ihm [Nietzsche] geistig zu danken habe, – ich fände kein anderes als eben dies: die Idee des Lebens." (Werke XII, S. 84) Die Hoffnungen von Thomas Buddenbrook lesen sich wie Passagen aus Nietzsches Werk *Also sprach Zarathustra.* In der Evolution ist die Aufgabe des Menschen angelegt, den **Übermenschen** als seinen höher entwickelten Nachfolger zu erschaffen, der von Nietzsche mit diesen Worten gefeiert wird: „Ihr seid nur Brücken: mögen höhere auf euch hinüber schreiten! [...] – auf Höhere, Stärkere, Sieghaftere, Wolgemuthere, solche, die rechtwinklig gebaut sind an Leib und Seele: lachende Löwen müssen kommen!" (Nietzsche, Bd. 2, S. 519)

Richard Wagner (1813–1883)

Schon früh hat Thomas Mann den Komponisten **Richard Wagner** und dessen Musik verehrt: „Fragte man mich nach meinem Meister, so müßte ich einen Namen nennen, der meine Kollegen von der Literatur wohl in Erstaunen versetzen würde: Richard Wagner." (Werke X, S. 837) Die Wirkung seiner Musik bezeichnet er als „zugleich narkotischer und aufpeitschender Art" (Werke IX, S. 406). Thomas Manns Charakterisierung von **Richard Wagners Leben** liest sich wie eine **Großmetapher** auf den gesamten Roman: „Wagners gesunde Art, krank zu sein, seine morbide Art, heroisch zu sein, ist nur ein Beispiel für das Kontradiktorische und Verschränkte seiner Natur, ihre Doppel- und Mehrdeutigkeit." (Werke IX, S. 403) Auch die Figuren in *Buddenbrooks* zeigen diese verschränkte **Gleichzeitigkeit von Lebenswillen und Lebensekel**, von Vitalität und Erschöpfung.

Der Roman im literarhistorischen Kontext

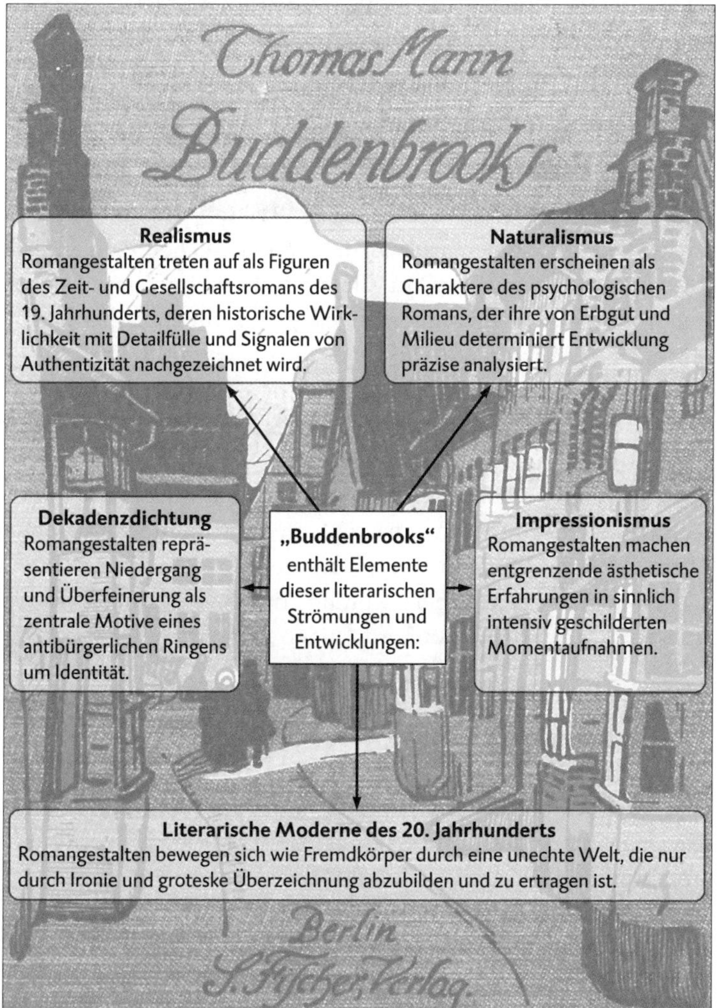

Hannos zunehmender **Lebensverdruss** geht einher mit der wachsenden Empfänglichkeit für die Musik Wagners. Die Deutung seiner musikalischen Improvisation (S. 747 ff.) nach seinem Schulbesuch ergibt sich aus dem Kontext der Passage. Kurz vorher hatte er Kai gestanden: „Ich möchte schlafen und nichts mehr wissen. Ich möchte sterben, Kai!" (S. 743) Im folgenden Kapitel stirbt Hanno an Typhus. Seine Improvisation lehnt sich an **Todesmotive** aus Wagners Oper „**Tristan und Isolde**" an. Darin wird das Sterben als Erlösung von weltlichem Leiden dargestellt. Mit dem eigenen Musizieren und seinem darauf folgenden Tod realisiert Hanno stellvertretend die Schopenhauer-Fantasien des Vaters: „Die Lösung, die Auflösung, die Erfüllung, die vollkommene Befriedigung brach herein, und mit entzücktem Aufjauchzen entwirrte sich Alles zu einem Wohlklang [...]." (S. 750)

Neben dieser symbolischen Bedeutung der Musik für Hannos Befindlichkeit nutzt Thomas Mann die kompositorischen **Kunstgriffe der Leitmotivtechnik** des Musikers für den eigenen Roman. Was Wagners Kompositionen eine musikalische Struktur gab, wird hier zum ordnenden Element des Narrativen.

8 Aspekte der Deutung

Der „Verfall einer Familie" könnte durch weitere Untertitel ersetzt werden, da der Roman im Subtext eine Vielzahl von Interpretationen und Lesarten ermöglicht:

- Als **Dokumentation ökonomischer Verfallsprozesse** zeichnet er den Untergang einer Kaufmannsfamilie nach.
- Als **Mentalitätsgeschichte des Bürgertums** des ausgehenden Jahrhunderts illustriert er die Erscheinungsformen der **Décadence**.
- Als **narrative Porträtsammlung** öffnet er voller Ironie den Blick auf eine Galerie markanter und morbider Gestalten.

- Als **zeit- und gesellschaftskritischer Text** beleuchtet er die schwindenden bürgerlichen Macht- und Herrschaftsstrukturen des ausgehenden 19. Jahrhunderts.
- Als **literarische Krankenakte** schildert er Anamnese und Symptomatik verbreiteter Leidensformen um 1900.

Zur Anatomie des „Verfalls"

Der **Untergang** des Hauses Buddenbrook darf **nicht monokausal** als Ergebnis des Versagens unternehmerischen Handelns betrachtet werden. Thomas Mann hatte als Autor **weder die Absicht noch den ökonomischen Sachverstand**, das Romangeschehen ganz und gar von wirtschaftlichen Prozessen und Gesetzmäßigkeiten beherrschen zu lassen. Zudem siedelte er Buddenbrooks' Abstieg ausgerechnet in den wirtschaftlichen **Blütejahren der Gründerzeit** an, sodass schwer nachzuvollziehen ist, warum ausgerechnet ein zuvor prosperierendes Handelshaus im ausgehenden 19. Jahrhundert zerbricht. Zwar bekamen die **Lübecker Kaufleute Standortprobleme**, indem ihnen etwa mit anderen Hafenstädten Konkurrenz erwuchs, jedoch war der Verfall des Hauses Buddenbrook eine Ausnahme in ringsum erfolgreichen Gewerben.

Im Romanverlauf wird auf eine Reihe **unternehmerischer Fehlentscheidungen und Misserfolge** – Vermögenshalbierung von der ersten zur zweiten Generation, Erbzahlung an Christian, Erberschleichung durch Tiburtius, Verluste im Krieg, Konkurrenz zu anderen Handelshäusern, Kauf der Pöppenrader Ernte – verwiesen, daneben wird angedeutet, dass mit den Hagenströms ein **neuer Kaufmannstypus** heranwächst, der weniger Skrupel zeigt, der spontaner und großzügiger als Jean und vor allem Thomas Buddenbrook handelt. Dies alles sind jedoch nur kleine Bausteine in einem **Verfallsszenario**, in dem neben ökonomischen Prozessen vor allem die psychische Degeneration der Handelnden eine zentrale Rolle spielt.

Als **Kapitalismuskritik** im Marx'schen Sinn taugt der Roman schon gar nicht. Banken, Geldgeschäfte, Kapitalmarktgesetze, Monopolisierung und ökonomische Innovation werden kaum erwähnt. Auch das Proletariat kommt, wenn es überhaupt in Erscheinung tritt, nur episodisch – etwa in Gestalt der revoltierenden Küchenhilfe – oder folkloristisch eingekleidet – aus Anlass der 1848er Revolution – vor.

So wird der wirtschaftliche Abstieg eher dilettantisch als bittere Folge schicksalhafter oder familiär verursachter Geldverluste geschildert, wobei das schnelle Geldzählen und Bilanzieren bei Buddenbrooks den biederen Eindruck erweckt, im Kaufmannshaus wirtschafte man mit Sparstrumpf und Portokasse.

Verständlich wird das Verfallsgeschehen erst, wenn wahrgenommen wird, dass hier über Generationen hinweg „**Kaufmannsrollenspieler**" agieren, die in ihren beruflichen Positionen völlig deplatziert und damit fremdbestimmt sind: Das gilt für **Jean Buddenbrook**, der bereits „mit zusammengebissenen Zähnen arbeitete" und am Ende in **frömmelnde Einsiedelei** flüchtet, wie auch für **Thomas**, der als **Leistungsethiker** nur funktioniert, wenn er bei äußerster Selbstdisziplin alle triebhaft lustvollen Persönlichkeitsanteile auf den verpönten Bruder projiziert und dabei das eigene Leben verpasst. Schließlich gilt es auch für **Hanno**, den es schon früh vor der schablonenhaft vorgezeichneten **Lebensbahn ekelt**.

„Verfall" bedeutet für diese Hauptfiguren des Romans **Verfall von Identität:** Die Frage „Wer bin ich?" trägt bei Christian Buddenbrook immer schon den Zusatz eines aktuellen Buchtitels: „und wenn ja, wie viele?" und verweist damit auf die Summe der von ihm parodierten Figuren, derer er sich als „**Ersatzexistenzen**" bedient. Auch Thomas Buddenbrook **verliert sein Kohärenzgefühl**, die Fähigkeit also, sich als stabil in Vergangenheit und Zukunft verorten zu können. Stattdessen polstert und panzert er sich mit Äußerlichkeiten und überstrengen Ritualen.

Der Leistungsethiker Thomas Buddenbrook (Mark Waschke) spielt nur noch eine Rolle; Szene aus der Breloer-Verfilmung von 2008.

Auf sehr hellsichtige Weise zeichnet Thomas Mann mit diesen Lübecker Kaufleuten einen **Typus der Moderne**, bei dem sich protestantische Ethik und kapitalistisches Unternehmertum verbinden. Aus dem christlichen „ora et labora" wird das unternehmerische Motto des Jean Buddenbrook: „Bete, spare und arbeite!"

In Max Webers Schrift *Die protestantische Ethik und der Geist des Kapitalismus* weist der Verfasser ein paar Jahre später den **Protestantismus als religiöse Wurzel des modernen Kapitalismus** aus: Die Berufsethik einer rationalen, asketischen Lebensweise, zu der Disziplin, Sparsamkeit und Arbeitsamkeit gehören, bei der Muße und Genuss als Zeitverschwendung gelten, bildet die „subjektive Seite" des Kapitalismus und entspricht der aus der Reformation hergeleiteten „protestantischen Ethik". Max Weber bezeichnet diese hochgradige Selbstdisziplin als „**innerweltliche Askese**", als „**stahlhartes Gehäuse**" **des Menschen:**

Die puritanische – wie jede „rationale" – Askese arbeitete daran, den Menschen zu befähigen, seine „konstanten Motive", insbesondere diejenigen, welche sie selbst ihm einübte, gegen-

> *über den „Affekten" zu behaupten und zur Geltung zu bringen: – daran also, ihn zu einer „Persönlichkeit" in diesem, formal-psychologischen Sinne des Worts zu erziehen. Ein waches bewußtes helles Leben führen zu können, war, im Gegensatz zu manchen populären Vorstellungen, das Ziel, – die Vernichtung der Unbefangenheit des triebhaften Lebensgenusses die dringendste Aufgabe, – Ordnung in die Lebensführung derer, die ihr anhängen, zu bringen, das wichtigste Mittel der Askese.* (Weber, S. 117 f.)

Vernichtete Unbefangenheit und vernichteter Lebensgenuss kennzeichnen Thomas Buddenbrook und lassen ihn als modernen „**Workaholic**" erscheinen. Seine psychischen Defekte sind vor diesem Hintergrund **Symptome der Überforderung** und nicht ererbte Degenerationserscheinungen, wie dies Thomas Mann selbst annahm. Hinter dem Rücken des Autors entsteht also intuitiv eine komplexe **Zeit- und Seelendiagnose** seiner Hauptfiguren, die der Verfasser so kommentiert:

> *Wenn ich irgendetwas von meiner Zeit sympathetisch verstanden habe, so ist es ihre Art von Heldentum, die modern-heroische Lebensform und -haltung des überbürdeten und übertrainierten, ‚am Rande der Erschöpfung arbeitenden' Leistungsethikers [...], und hier ist meine seelische Berührung, eine einzige und mich erschütternde, mit dem Typus des neuen Bürgers.* (Werke XII, S. 144)

Der Amerikaner G. M. Beard stellte bereits 1881 in seiner bezeichnenden Studie „**American Nervousness**" einen Zusammenhang zwischen der Überforderung durch die moderne Arbeitswelt und psychischen Störungen her und bezeichnete die Zeitkrankheit der modernen Nervenschwäche als „**Neurasthenie**".

Einen weiteren Verfalls-Kommentar, der nicht nur den ökonomischen Bereich betrachtet, sondern die gesamte gesellschaftliche und kulturelle Situation einbezieht, legt Hugo von Hofmannsthal um 1900 vor, wenn er seine Generation so charakterisiert:

Biologische und psychologische Dimensionen des Verfalls

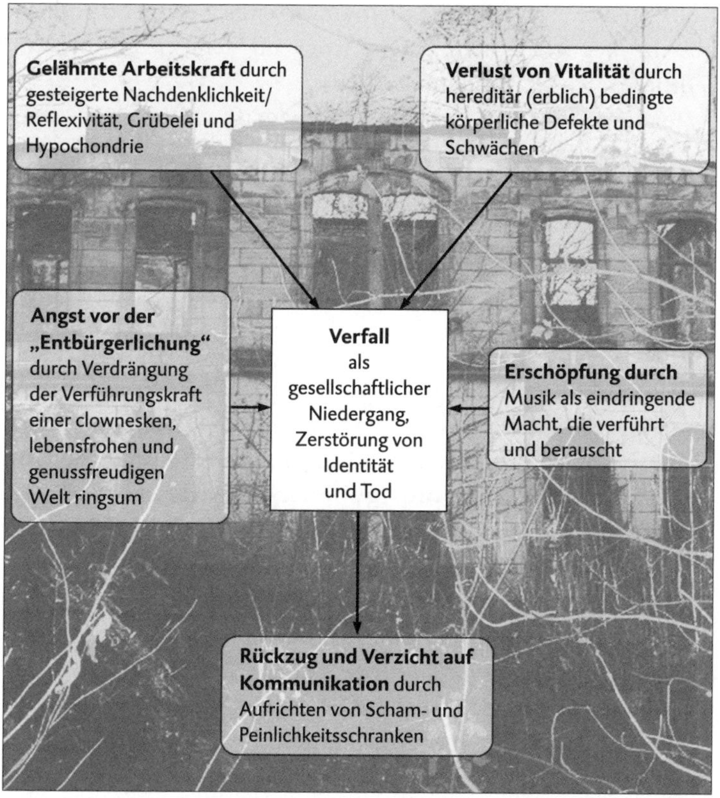

> *Bei uns aber ist nichts zurückgeblieben als frierendes Leben, schale, öde Wirklichkeit, flügellahme Entsagung. Wir haben nichts als ein sentimentales Gedächtnis, einen gelähmten Willen und die unheimliche Gabe der Selbstverdoppelung. Wir schauen unserem Leben zu.* (Hofmannsthal, S. 341)

An anderer Stelle bemerkt er, die früheren Generationen hätten „nur zwei Dinge hinterlassen: hübsche Möbel und überfeine Nerven“ (Hofmannsthal, S. 340). Hofmannsthal spielt damit auf den **Dekadenz-Begriff** an, der – als „décadence“ aus dem französischen Kulturraum importiert – im Fin de siècle eine zentrale Rolle spielte. Der ursprünglich abwertende geschichtsphilosophische Begriff der „Dekadenz", der auf den Niedergang von Kulturen anspielt, wird um 1900:

- zu einem **literarischen Epochenbegriff**, zu dem sich Autoren bekennen, die in ihren Werken Themen des Untergangs, der Lust am Morbiden, der Extravaganz und der überfeinerten Sensibilität aufgreifen.
- zu einer **kritisch-ästhetischen Haltung** gegen die Kraftmeierei einer an Wohlstand und Materialismus interessierten Gesellschaft und gegen die Selbstzufriedenheit des Bürgertums.

Dabei wird Dekadenz nicht biologistisch als genetische „Entartung" durch eine Generationenfolge aufgefasst, sondern als ein ästhetischer Vorgang der **Verfeinerung und Zunahme von Reflexivität**. Diese **Grundlage jeder künstlerischen Tätigkeit** erweist sich jedoch auch als schwächendes, erschöpfendes Element im Leben. So heißt es bei Paul Bourget:

> *Wenn sie [die gegenwärtige Generation] keine zukünftigen Generationen erzeugen, so liegt der Grund darin, daß das Übermaß der feinen Empfindungen und die Auserlesenheit seltener Gefühle aus ihnen unfruchtbare, aber raffinierte Virtuosen der Wollust und des Schmerzes gemacht haben.* (Bourget, S. 24)

Thomas Mann zeigt eine ambivalente Haltung gegenüber dem **Dekadenzbegriff:**

- Sein **biologisches Verständnis** von Dekadenz rückt den Roman und die darin gezeichneten Figuren in die Nähe des Naturalismus: Erbdeterminierung scheint das Schicksal künftiger Buddenbrooks bereits vorgeburtlich besiegelt zu haben.
- Sein **ästhetisches Verständnis** von Dekadenz schildert den Verfall zugleich als Verfeinerung, als Zunahme von Intellektualität, Selbstreflexion und künstlerischer Neigung.

Seinen Roman bezeichnet Mann selbst als: „ein vom Verfallsgedanken überschattetes Kulturgemälde.“ (Werke XI, S. 554) Dabei wird die **Dekadenzlinie über die drei Stufen Religion, Philosophie und Musik** gezogen und gesteigert: Jean Buddenbrooks frömmelndem Rückzug folgt Thomas’ „Erleuchtung“ durch die Philosophie Schopenhauers, während Hanno in der Bewunderung der Musik Wagners auf- und schließlich untergeht.

Der ökonomische Niedergang des Handelshauses rückt für den Leser in den Hintergrund angesichts der **omnipräsenten Dekadenzprozesse**, der quälend dramatisch gezeichneten **Tode**, der eingebildeten und realen **Krankheiten** und körperlichen Defekte der Romanfiguren. Dies alles wird **steigernd komponiert**, findet Zuspitzungen und Höhepunkte im jämmerlichen Sterben von Thomas und in Hannos frühem Tod.

Die **ästhetische „andere Seite“ des Dekadenzphänomens** wird im Umgang der Romanfiguren mit der Sphäre der Kunst und des Künstlertums deutlich: Allesamt unbeholfen agieren die Buddenbrooks hier, erweisen sich als **Dilettanten und berauschte Zaungäste im „Flirt mit der Dekadenz“**. Dies gilt für Christians Liebe zum Theater und zur Schauspielerei, für Thomas’ episodisch aufflackernde Tendenz zum Philosophieren sowie für Hannos Faszination für die Musik Wagners.

Thomas Manns **Kritik an bürgerlichen Macht- und Herrschaftsstrukturen** im ausgehenden 19. Jahrhundert erfolgt mal heftig, mal milde, und liefert damit einen weiteren Baustein zum Verständnis des Verfallsgeschehens. So zeichnet der Autor im Roman das Porträt eines im Niedergang begriffenen Bürgertums. Dazu gehören die Darstellung der entwürdigenden Heiratspolitik um 1900 – am Beispiel Tonys – ebenso wie die Satire auf den Protestantismus – am Gegenstand des „Jerusalemsabends“ – und die profunde Schulkritik mit überzeitlicher Gültigkeit.

Der Autor bezeichnete seinen Roman selbst als „ein überdeutsch-europäisches Buch, ein Stück Seelengeschichte des europäischen Bürgertums“ (Werke XI, S. 383). Dabei repräsentieren *Buddenbrooks* einen **Epochenumbruch:** Im ausgehenden 19. Jahrhundert wird die bürgerlich asketische Arbeits- und Lebensethik abgelöst durch eine hedonistische, Genuss, Konsum und Freiheit der Subjekte feiernde Lebenshaltung in der Industriegesellschaft.

Buddenbrooks führen über zwei Generationen – repräsentiert durch Jean und Thomas – einen **Überlebenskampf** um längst überholte bürgerliche Prinzipien und Werte auf **Kosten menschlicher Opfer:** Gotthold wird ebenso ausgestoßen wie später Christian, Tony wird zwangsverheiratet und Hanno einfach nur allein gelassen.

Die **moralischen Auflösungserscheinungen** sowie die **Macht- und Einflussverluste** des Bürgertums zeigen sich überall: Buddenbrooks scheinen von Betrügern umstellt, parasitäre Priester, Bankrotteure und Heiratsschwindler gehen ein und aus, dazu kranke, alte und siechende Menschen. Das „Leben“ pulsiert ganz woanders: an der Börse, in den Clubs, in den Hamburger Vergnügungsvierteln.

Grotesk und hoffnungslos muten Thomas’ Versuche an, den Bruder Christian der rigiden Familiendisziplin zu unterwerfen. Die Familie wird schließlich zu einem anachronistischen Fremdkörper in einer burlesken Umgebung, in der die Suitiers, die Hagenströms und die Puvogels das Leben genießen, während sich Thomas wie ein verkleideter bunter Hund durch Lübeck stiehlt und den Spott der Mitbürger ebenso erregt wie Tony, deren Leben nach zwei gescheiterten Ehen zum Spießrutenlaufen wird. **Thomas Mann entlarvt** damit die **Verlogenheit der bürgerlichen Doppelmoral**, die ständig die „Dehors“, den schönen Schein zu wahren versucht, während sich dahinter Abgründe von Immoralität auftun.

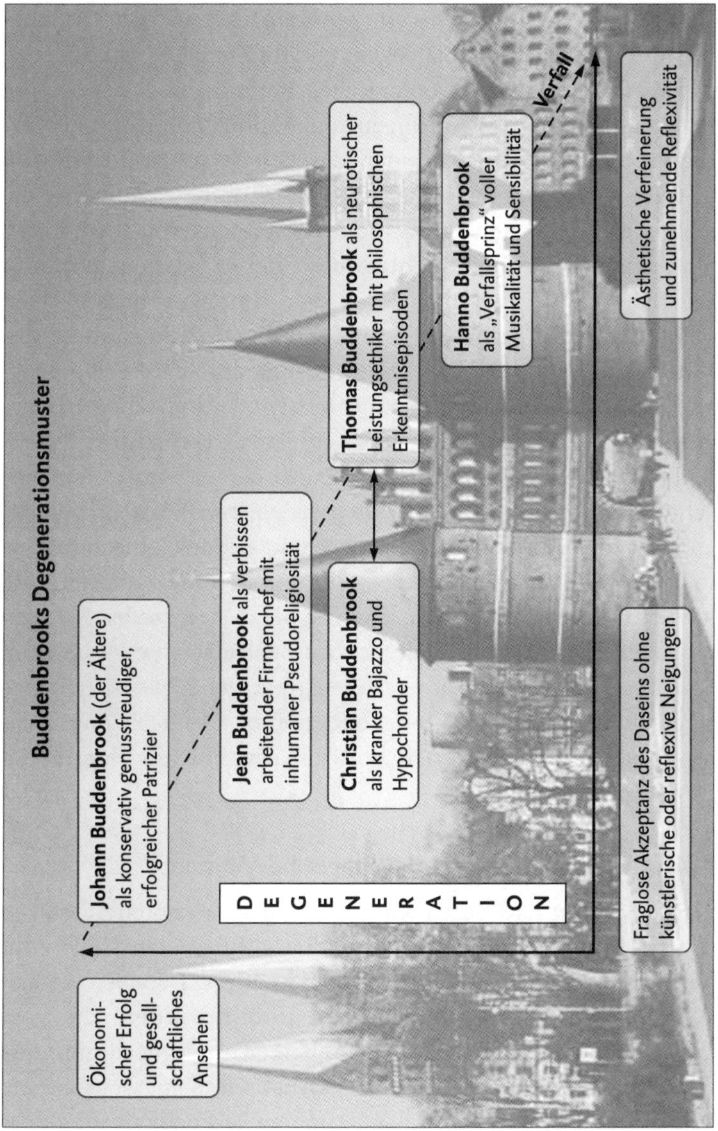
Buddenbrooks Degenerationsmuster
Ökonomischer Erfolg und gesellschaftliches Ansehen
Johann Buddenbrook (der Ältere) als konservativ genussfreudiger, erfolgreicher Patrizier
Jean Buddenbrook als verbissen arbeitender Firmenchef mit inhumaner Pseudoreligiosität
Christian Buddenbrook als kranker Bajazzo und Hypochonder
Thomas Buddenbrook als neurotischer Leistungsethiker mit philosophischen Erkenntnisepisoden
Hanno Buddenbrook als „Verfallsprinz“ voller Musikalität und Sensibilität
Verfall
D E G E N E R A T I O N
Fraglose Akzeptanz des Daseins ohne künstlerische oder reflexive Neigungen
Ästhetische Verfeinerung und zunehmende Reflexivität

Der Roman liest sich wie ein **Medizinlexikon des 19. Jahrhunderts** mit einer Vielfalt exakt und differenziert geschilderter psychiatrischer und neurologischer Befunde wie Depression, Hypochondrie, Angststörungen und Halluzinationen. Die vermeintlich eingebildeten Leiden des **Christian Buddenbrook** erweisen sich als ernsthafte psychosomatische Symptome, die viele Jahre nach dem Erscheinen des Romans von Medizinern als **coenästhetische Psychose** beschrieben werden. Christian und Thomas leiden an Formen der damals so bezeichneten „**Neurasthenie**", einer Zeit- und **Zivilisationskrankheit der Jahrhundertwende**, die sich als Störung des Selbst in Willensschwäche, in melancholischer (Thomas) oder hypochondrischer Ausprägung (Christian) zeigte. Nach damals verbreiteter Krankheitsvorstellung bezeichnete Neurasthenie eine „Nervenschwäche", gekennzeichnet durch reduzierte Belastbarkeit und abnehmende Vitalität, Reizbarkeit und schnelle Erschöpfung, oft – wie bei Christian – verbunden mit Schmerzfantasien und weiteren Stresssymptomen. Thomas Mann hatte selbst intensiv Krankenakten studiert, hielt sich als Beobachter und Patient in Sanatorien auf und zeigte – wie seine Tagebücher berichten – hypochondrisches Verhalten. Buddenbrooks' Leiden symbolisieren gleichzeitig den Verfall und die zunehmende Sensibilität ihrer Opfer.

Narrative Landschaften und „magische Momente"

Thomas Mann hat seinen Roman stringent komponiert, sodass er sich dem Leser scheinbar als ein bis auf die letzte Zeile **vom Verfasser vermessenes Terrain** präsentiert. Daneben enthält *Buddenbrooks* aber auch **Passagen und Episoden**, die vom Gang der Handlung entkoppelt scheinen und gleichsam „**aus der Zeit" fallen**. Gerade diese ästhetisch bemerkenswerten, sensibel gestalteten Textstellen laden den Leser zur eigenen Imagination und zum gedanklichen Flanieren ein. Dazu gehören:

- das **Porträt des Pastors Hirte**, „dessen Lebensglück geradezu in dieser Übereinstimmung seines Namens mit seinem Titel bestand“ (S. 66), mit dem Thomas Mann einen Pädagogen liebevoll skizziert.
- die **Gespräche von Thomas mit Herrn Wenzel**, seinem Barbier, in denen entspannt getratscht und politisiert wird (S. 357–361).
- **Hannos Begegnung mit dem bunten Papagei Josephus** im Wartezimmer des Zahnarztes, ein märchenhaftes Erlebnis in bedrückender Umgebung (S. 512 f.).
- **Hannos Aufenthalt am Meer**, der die ganze Faszination, Empfindungsfähigkeit und Fantasie eines Kindes auf wunderbar leichte Weise schildert (S. 629–634).
- **Hannos Spiele mit Kai**, in denen sich der Junge von der Fantasie des Freundes verzaubern lässt (S. 623 f.).
- die **Darstellung des Fischmarktes** (S. 673), ein literarisches Kabinettstück, dessen sinnlich komplexe Schilderung den Leser die Geräusche, Gerüche und optischen Eindrücke eines Marktgangs spüren lässt.

Ein sonst so kühl und perfekt kalkulierender Verfasser veranlasst den Leser mit diesen und anderen wie **hingetupft wirkenden Passagen** zum Innehalten, schafft so angesichts der unerbittlich voranschreitenden Haupthandlung **narrative Nischen** für ein genießendes Verweilen.

Die Literaturwissenschaft hat bislang kaum berücksichtigt, dass in *Buddenbrooks* nicht nur das Scheitern von Entwicklungen thematisiert wird, sondern auch **gelingende Momente voller Schönheit, Grazie und impressionistischer „Feier des Augenblicks“**. Das gilt vor allem für Hannos Kindheitserlebnisse, wenn er etwa mit der Huckleberry-Finn-Figur des Kai Graf Mölln ein Märchen als Gesamtkunstwerk mit Lesung, Musikbegleitung und Puppenbühnenspiel inszeniert und sich dabei weltenthoben und selbstvergessen glücklich fühlt (S. 624). Ähnlich glücklich ist Hanno am Meer, wenn es heißt: „Und Hanno Buddenbrook zog wieder tief und mit stiller Seligkeit den würzigen Atem ein, den die See zu ihm herübersandte, und grüßte sie zärtlich mit den Augen, mit einem stummen, dankbaren und liebevollen Gruße." (S. 631) Der kleine „Verfallsprinz" offenbart hier eine **wunderbare Empfindungsfähigkeit**, vor der sich der Erzähler auch in den Folgepassagen verneigt. Thomas Mann gestaltet damit einen funkelnden Lichtblick in sonst dunkler Romanumgebung.

9 Interpretation ausgewählter Textstellen

Einfaches Leben (S. 122–127)

Das kurze Kapitel schildert **Tonys Aufenthalt im Haus der Familie Schwarzkopf**. Tony erwacht am Morgen nach ihrer Ankunft, hinter ihr liegen die unangenehmen Begegnungen mit Grünlich, die in der neuen Umgebung jedoch verblassen, denn Tony denkt an den jungen Morten, dessen Name ihr noch ein Rätsel ist. Thomas ist bereits abgefahren, man nimmt das Frühstück auf der Veranda ein und plaudert miteinander. Das Gespräch kommt auf die Zeitung, auf den König von Preußen und auf die Pressezensur, wobei Mortens politisch kämpferische Haltung und Tonys Ahnungslosigkeit aufeinanderprallen. Schließlich lädt Morten den Gast zu einem Spaziergang ans Meer ein.

Thomas Mann schildert hier eine für Tony wie auch für den Leser gleichermaßen faszinierende **Kontrast- und Gegenwelt** zum Lübecker Terrain:

- Statt Grünlichs Heuchelei erlebt sie Mortens ungekünstelte Aufrichtigkeit.
- Statt bürgerlich steifer Intérieurs genießt sie das „einfache Leben" und die freie Natur.
- Statt väterlich verordnetem Konservativismus wird sie durch Morten mit politisch revolutionären Gedanken konfrontiert.

Ein auktorialer Erzähler wirbt gleich zu Beginn um Lesersympathie für Tonys „neue Lebenslage“, indem er vom „angeregten und freudigen Gefühl“ (S. 122, Z. 15 f.) spricht, das „**man**“ empfinde. In erlebter Rede folgen metaphorisch eingeleitete Erinnerungsfetzen an den Vortag: Tony „kramte [...] Erlebnisse wieder hervor.“ (S. 122, Z. 21) In Bruchstücken zeigt sich ein innerer Monolog, mit dem der Erzähler den Leser ganz dicht an seine Figur heranführt, wenn es heißt: „Mein Gott, wie hieß der junge Mensch! Moor ... Mord ...?“ (S. 123, Z. 3 f.) oder „Was hatte er geantwortet?“ (S. 123, Z. 19 f.) Die Auslassungen weisen auf Pausen des Nachdenkens und auf Tonys naiv-fragenden Umgang mit dem Tischgespräch und dessen politischem Gehalt hin.

Es folgt die Schilderung des Blicks aus dem Fenster in die beeindruckende Natur in Gestalt eines Erzählerberichts, der mit zahlreichen Adjektiven – bedeckt, kraus, grünlich, blau, dunstig – die Stimmung jenes Morgens an der See einfängt.

An Mortens (Alexander Fehling) Seite entdeckt Tony (Jessica Schwarz) die Reize des einfachen Lebens; Szene aus der Breloer-Verfilmung von 2008.

Wiederholt werden die „**Einfachheit**" **des Hauses Schwarzkopf** und damit der Standesunterschied gegenüber Tony Buddenbrook betont, sei es in der Einrichtung des Hauses – „einem schlichten, undurchbrochenen Holzgeländer" (S. 124, Z. 6) –, in Kleidung und Tätigkeiten von Frau Schwarzkopf – „blaukarierte Küchenschürze" (S. 124, Z. 12 f.) – oder in ihren eigenen Bekundungen: „wir einfachen Leute" (S. 124, Z. 17); „wir sind einfache Leute" (S. 125, Z. 3 f.). Morten tritt dabei von Beginn an als Intellektueller auf, Pfeife rauchend und Zeitung lesend: „Die Zeitung lag vor ihm." (S. 124, Z. 24 f.) **Tony flirtet bereits mit ihm**, spielt die Ahnungslose und lässt sich von Morten über Nährstoffe in Eiern belehren. Ein vermeintlich nebensächlicher Dialog über „Fachsimpelei und Wichtigtuerei" verdeutlicht die **Unterschiede in den Gesprächskulturen** der Buddenbrooks und der Schwarzkopfs. Was im Hause des Lotsenkommandeurs als unechter Bluff gilt (S. 125, Z. 23 f.) und Morten den Rüffel des Vaters einbringt, gehört bei Tony daheim zur Etikette: „Man befindet sich in fremder Gesellschaft, zeigt sich von seiner besten Seite, setzt seine Worte und sucht, zu gefallen [. . .]" (S. 125, Z. 31 f.)

Nach einem Zeitsprung kommt das Gespräch auf das Thema „Zeitungen". Für Tony sind Zeitungen belanglose Attribute der Väterwelt, während sich Morten politisch ereifert und Kritik an „Adligen, [. . .] Pfaffen und Junkern" (S. 126, Z. 29 f.) anklingen lässt. Bei der von Morten zitierten „**Rheinischen Zeitung**" handelt es sich um ein liberales Blatt der Opposition gegen Preußens König, dessen Chefredaktion Karl Marx zeitweilig innehatte. Dass Tony nichts von dem versteht, was Morten meint, macht ihre naive Replik deutlich: „Nun und Sie, gehen Sie auch nicht glimpflich mit den Adligen um?" (S. 126, Z. 32 f.)

Morten bricht das Gespräch ab, indem er auf das schöne Wetter verweist und Tony vorschlägt, zum Meer zu gehen. Er hat „die größte Lust, wieder einmal in die See zu springen." (S. 127, Z. 1 f.) Wieder wird ein **Kontrastelement** zur Welt der Buddenbrooks deutlich: Während dort nur von Strandspaziergängen und – später bei Thomas – von melancholischen Blicken aufs Meer die Rede ist, springt Morten ins Wasser und erweist sich damit als vitaler Naturfreund und Genießer. Thomas Mann lässt Buddenbrooks' Welt mit diesem **erfrischenden Kontrastkapitel** umso künstlicher erscheinen. Bei Tony zeigen sich einerseits Wohlerzogenheit, Gehorsam und Naivität, aber auch kokette Neugier, Elan und Begeisterung. Beide Seiten dieser Persönlichkeit werden ihr späteres Leben bestimmen: Gehorsam und Naivität werden sie an Grünlich und Permaneder binden, Neugier, Elan und Begeisterung werden sie durchhalten lassen.

„Showdown" im Bruderstreit (S. 572–582)

Das zweite Streitgespräch zwischen Thomas und Christian wird im Roman auf elf Seiten ausführlich dargestellt. Es ereignet sich 1871 im Haus in der Mengstraße kurz nach dem Tod der Mutter Bethsy Buddenbrook. Tony ist zusammen mit Thomas dabei, die Wertsachen aus dem Nachlass zu verteilen, auch Gerda ist anwesend. Christian betritt den Raum und äußert unter anderem den Wunsch, einen Teil des Essgeschirrs zu bekommen. Als ihm Thomas sagt, er habe dafür bestimmt keine Verwendung, teilt ihm Christian seine Heiratspläne mit. Es kommt zu einem ersten heftigen Wortwechsel mit gegenseitigen Vorwürfen und Beschimpfungen. Tonys wiederholte Bitten um Mäßigung angesichts der nebenan aufgebahrten toten Mutter sind vergebens. Jeder brüstet sich auf groteske Weise damit, der Kränkere zu sein, der Streit geht in eine weitere Runde, wobei Thomas dem Bruder droht, ihn zu entmündigen. Christian verlässt schließlich wütend und erschöpft den Raum.

Der Bruderstreit wird von Thomas Mann als **„filmreifes" Drama** inszeniert: **Zwei Duellanten** treffen aufeinander, wobei es scheint, als werde Thomas von Tony und Christian von Gerda sekundiert. Die Szene offenbart dabei:

- **eine sozialpsychologische Dimension**, indem der Streit die Macht- und Beziehungsstrukturen innerhalb der Familie enthüllt;
- **eine tiefenpsychologische Dimension**, indem Thomas' Charakterstruktur und seine aktuelle psychische Befindlichkeit vom Bruder präzise seziert wird.

Der **filmische Dialogauftakt** wird deutlich, wenn die Aufmerksamkeit und die Perspektive des Erzählers **in „kurzen Einstellungen"** nach dem Muster von Schuss und Gegenschuss die Dialogpartner fokussieren und damit ein erstes dramatisches Moment aufbauen: Zunächst fällt ein beobachtender Blick auf Christian, durchdringt aber nicht dessen Fassade, denn „[e]r **schien** sich in einer Art trotziger und gereizter Stimmung zu befinden." (S. 572, Z. 12 ff.) Es folgt die „Detailaufnahme" von Thomas' Augen, die auf Christians „weißen Knöpfen haften" (S. 572, Z. 20 f.). Christians Gesicht und Hände werden betrachtet und ein erster Dialog folgt. Bemerkenswert ist Gerdas zunächst noch unbestimmte Rolle, die mehr Kontakt zum Schwager als zu Thomas hat: „Gerda betrachtete ihn, während er sprach, und lachte nun leise." (S. 573, Z. 1 f.)

In dieser **ersten Dialogsequenz** bis zu Tonys Einspruch (S. 572, Z. 15 bis S. 573, Z. 18), dem eine **zeitgeraffte Darstellung** der weiteren Aufteilung des Nachlasses folgt, fällt **Thomas' Bemühen um Dominanz** auf: Er blickt Christian bei dessen Eintreten nicht an, spricht „von oben herab" mit ihm, indem er ihn in geheuchelter Vertraulichkeit als „mein Lieber", „mein Freund" und später mit „Aber Bester" und „Lieber Freund" anredet.

Christian definiert eingangs seine katastrophal abhängige Situation auf präzise Weise: „Ich habe mir in den letzten Jahren oft fünf Schillinge für Zahnpulver leihen und mit einem Streichholz zu Bette gehen müssen …" (S. 572, Z. 31 ff.) Anschließend reklamiert er ebenfalls plausibel mit Blick auf seine Lebenserfahrung seine **persönliche Autonomie:** „Übrigens bin ich ein erwachsener Mensch [...] ich bin mein eigener Herr, und darf jedem verwehren, sich in meine Angelegenheiten zu mischen." (S. 573, Z. 8ff.)

Die **zweite Dialogsequenz** (S. 574, Z. 4 bis S. 577, Z. 13) handelt von Christians Heiratsplänen und steigert die Auseinandersetzung zu einem **ersten Höhepunkt**, auf dem Christian ausruft: „Ich bin frei, ich bin mein eigener Herr ..." (S. 577, Z. 13) Hier wählt einer der Duellanten **neue Waffen:** Thomas versucht Christian nun mit **moralischem Druck** niederzuringen. Immer wieder wirft er dem Bruder fehlende Pietät, Rücksichtslosigkeit und schließlich Ungehorsam vor: „Am Tage nach Mutters Tode machst du Miene, den Ungehorsam gegen sie zu proklamieren ..." (S. 575, Z. 27f.) Christian kontert sehr geschickt, indem er darauf hinweist, dass die Vorbehalte der Mutter veraltet und nun historisch überholt seien. Thomas antwortet mit dem bekannten **Dominanzgebaren**, indem er dem Bruder fehlende Reife vorwirft (S. 576, Z. 10ff.).

Christian (David Tobias Schneider, vorn) provoziert seinen Bruder (Kristoffer Nowak); Szene der Dramenfassung; Aufführung am Südostbayerischen Städtetheater 2011.

Als der Name „Aline" fällt, fühlt sich Thomas tief getroffen (S. 576, Z. 24f.). Verständlich wird seine Reaktion angesichts der

erotischen Konnotation dieses Namens: Für den asketischen Thomas repräsentiert die Halbweltdame **Versuchung und Verführung**. Er darf an sich aber kein sexuelles Begehren zulassen, fühlt sich ertappt und reagiert mit Strenge gegen den Bruder: „‚Schweig!' rief Senator Buddenbrook mit Donnerstimme [...]. Thomas blaß und zitternd vor Zorn" (S. 576, Z. 25 ff.).

Die **dritte Dialogsequenz** (S. 577, Z. 14 bis S. 580, Z. 15) beginnt mit Thomas' Vorwurf: „Ein Narr bist du!" (S. 577, Z. 14) und enthält mit seinem Geständnis: „Wenn ich dich innerlich gemieden habe, so geschah es, weil ich mich vor dir hüten muß, weil dein Sein und Wesen eine Gefahr für mich ist ... ich spreche die Wahrheit." (S. 580, Z. 13 ff.) den eigentlichen **Höhepunkt des Bruderstreits**. Thomas gelangt zu dieser bemerkenswerten **Selbsterkenntnis**, indem er die Bedrohung durch den Bruder nicht in dessen vielleicht geschäftsschädigendem Handeln, sondern in Christians Charakter, in seinem „Sinn und Wesen" sieht. Der Blick auf den Bruder wird damit zum riskanten **Blick in den Spiegel**, wobei Thomas die Persönlichkeitsanteile bei Christian wahrnimmt, nach denen er sich heimlich sehnt, die er jedoch an sich selbst nie zulassen durfte: Zügellosigkeit, Lebensgenuss und Arbeitsverweigerung.

Vorausgegangen ist Christians Generalabrechnung mit dem Bruder. Wie in einem **psychoanalytischen Setting** wird im Streit frei assoziiert, wobei Wahrheiten ans Licht befördert werden, die bis dahin unbewusst schlummerten: „Christian war nun ganz und gar außer sich; er fing an, Dinge zu sagen, wie er sie noch niemals hatte laut werden lassen." (S. 577, Z. 25 f.) Der Begriff „**Kälte**" steht im Zentrum seiner Vorwürfe. Er symbolisiert Thomas' **fehlende Selbstliebe**, die längst durch einen zwanghaft übersteigerten Narzissmus ersetzt wurde, und er zeigt seine **fehlende Empathiefähigkeit**. Statt reifer Objektliebe produziert Thomas nur Abwehrmechanismen: Angst vor der Nähe zum Bruder und später auch die Unfähigkeit, seinen Sohn

Hanno zu lieben. Christian erfasst das alles, indem er sagt: „Du bist so ohne Mitleid und Liebe und Demut ...“ (S. 579, Z. 36)

Der von Christian wiederholt negativ gebrauchte Begriff des „Gleichgewichts“ – „das Gleichgewicht, das ist dir das Wichtigste“ (S. 579, Z. 28); „und Gleichgewicht“ (S. 580, Z. 4) – bezeichnet jenes **blasse Mittelmaß gespielter Wohlanständigkeit**, auf das ein Mensch mit Ich-Schwäche und geringem Selbstwertgefühl schrumpfen kann. Thomas wird hier vom Bruder definiert als **Bürokratenseele**, die das Leben nur noch abwickelt und erledigt. Ein paar Kapitel später folgt dann auch wie eine sich selbst erfüllende Prophezeiung das Eingeständnis des Erzählers: „In ihm [Thomas] war es leer [...]“ (S. 612, Z. 23)

Die abschließende **vierte Dialogsequenz** (S. 580, Z. 16 bis S. 582, Z. 19) verdeutlicht, dass Thomas von der Analyse des Bruders schwer getroffen wurde. Er ist „beinahe sinnlos vor Zorn, blaß, bebend und mit zuckenden Bewegungen.“ (S. 581, Z. 12 f.) Dies wirkt wie ein Rollentausch, denn Thomas zeigt nun die körperlichen Symptome, die zuvor der Bruder produziert hat. Eher hilflos holt er zum letzten Gegenschlag aus und droht, Christian zu entmündigen: „Ich lasse dich für kindisch erklären, ich lasse dich einsperren, ich mache dich zunichte! Zunichte! Verstehst du mich?!...“ (S. 581, Z. 30 ff.) Auch dies klingt nach einer **Kampfansage an die eigene Psyche**, hat damit eine **autoaggressive Tönung** und nimmt vorausdeutend die **Selbstdemontage** vorweg, die Thomas später an sich vollzieht, indem er sich lange vor seinem Tod aus dem Leben verabschiedet. Wieder einmal ist er, wie später beim Schopenhauer-Erlebnis, nicht in der Lage, positive Konsequenzen zu ziehen.

Der **Blick auf die beiden Frauen** am Schluss der Szene zeigt, dass allein Gerda das Geschehen durchschaut zu haben scheint, denn sie „hatte das Haupt leicht in die Hand gestützt und beobachtete die Beiden mit verschleierten Augen“ (S. 582, Z. 8 ff.).

Wirkungsgeschichte

Als *Buddenbrooks* 1901 erschien, war ihr Verfasser ein literarischer Nobody. Die erste Auflage umfasste 1 000 Exemplare, die während eines Jahres verkauft wurden. Bis Anfang 1904 waren es insgesamt 18 000 Exemplare, im gleichen Jahr lag der Roman in dänischer und schwedischer Übersetzung vor. Die **zeitgenössische Bewertung** in der Tagespresse war **insgesamt positiv**, wobei viele Rezensenten wie Otto Grautoff über den Umfang des Werkes staunten:

> *Schon dieser äußere Umfang des vorliegenden Werkes darf als etwas nicht gerade Alltägliches, als etwas Beachtenswerthes gelten; er beweist zum Mindesten eine starke künstlerische Energie, einen anerkennenswerthen Arbeitsernst und eine lobenswerthe Geduld und Ruhe des Schaffenden.*
> (zit. n. Kommentar, S. 122)

Sehr früh wurde die literarische Qualität in den Detailschilderungen, in den Figurenporträts und in Thomas Manns Humor gesehen.

Bemerkenswert sind die **Lübecker Reaktionen** auf den Roman. Entsetzen und Empörung herrschten in breiten Bürgerkreisen der Stadt, da man sich in den Romangestalten wiederzuerkennen glaubte. Thomas Mann wurde als „**Nestbeschmutzer**" beschimpft, seine Haltung zum Niedergang des Kaufmannswesens traf auf Unverständnis. Man betrachtete das **Werk als Schlüsselroman** und fertigte Entschlüsselungslisten an, in denen sich einige Lübecker Bürger als literarische Vorlagen von Romangestalten wiederfanden. Auch Thomas Manns Familie fühlte sich betroffen, allen voran Onkel Friedel, das Vorbild für die Romanfigur Christian Buddenbrook, und reagierte böse, wie der Verfasser damals vermerkte:

> *Neulich bekam ich plötzlich eine Karte von Onkel Friedel, eine Ansichtskarte von einem Nordsee-Dampfer, auf der mit etwas entstellter Schrift zu lesen stand: „Dein Buch ‚Die Buddenbrooks' haben mir viele Leiden bereitet. Ein trauriger Vogel, der sein eigenes Nest beschmutzt! Dein Onkel Friedrich Mann." Zuerst empfand ich eine Art von komischem Stich. Dann dachte ich: „Der Thor! Er begreift also nicht, daß ich mich besser, länger, leidenschaftlicher mit ihm beschäftigt habe, als sonst irgend jemand."* (zit. n. Kommentar, S. 171)

Der Nobelpreis für Literatur, den Thomas Mann ausdrücklich für seinen Roman *Buddenbrooks* erhielt, brachte ihm zwar Weltruhm ein, änderte aber nichts an den ablehnenden **Kritiken der rechten Presse** während der Weimarer Republik. Eine Episode aus der Zeit des aufkommenden Nationalsozialismus verdeutlicht die damalige Stimmung:

> *Erwin Zindler, Klassenlehrer einer Obersekunda, ließ seine 27 Schüler den Roman nach sprachlichen und inhaltlichen Kriterien untersuchen. Das Ergebnis, das seine fleißigen „deutschen Jungs" ihm auf 3712 einzelnen Zetteln ablieferten, hat er für den Völkischen Beobachter aufbereitet. Mit Beispielen en masse wird da belegt, dass Thomas Mann die Muttersprache nicht beherrscht; als der „Gesamtgehalt" des Romans ergibt sich daraus, „wie maßlos gleichgültige, langweilige, meist minderwertige Menschen die abgeschmacktesten, breitgetretensten Reden halten".* (zit. n. Kommentar, S. 194 f.)

Den deutschen und den internationalen Siegeszug der *Buddenbrooks* hielten jedoch auch die Nationalsozialisten nicht auf. Die Literaturwissenschaft der Nachkriegszeit bewertete den Roman in der DDR vornehmlich als **Kapitalismuskritik**, während in der Bundesrepublik in den Folgejahren eine **zweiteilige Romanverfilmung** erschien (1959), an deren

Drehbuch Thomas Manns Tochter Erika mitgearbeitet hatte. Der Zweiteiler wurde auch aufgrund der Starbesetzung zu einem großen Publikumserfolg. Eine **TV-Serie** in elf Teilen folgte 1978. Hier legte der Regisseur F. P. Wirth eine recht werkgetreue Inszenierung vor, die ebenfalls große Resonanz beim Publikum fand. Schließlich nahm sich Heinrich Breloer des Romans an. Der Autor hatte sich zuvor bereits durch seinen semidokumentarischen Film *Die Manns* als hervorragender Kenner des Lebens und des Werkes von Thomas Mann ausgewiesen. Auf seinen opulenten Kostümfilm *Buddenbrooks* (2008), der in Bildern schwelgt, gab es ein sehr geteiltes Echo: Von den einen als fader „Leinwand-Weih-nachtsbraten" verschmäht, von den anderen als Kinohighlight gelobt, konnte die aufwendige Inszenierung trotz Staraufgebot – Armin Mueller-Stahl, Jessica Schwarz, Iris Berben – insgesamt kaum überzeugen. Bei allen Filmadaptionen wird deutlich, dass es nahezu unmöglich ist, der Komplexität der literarischen Vorlage mit dem Medium gerecht zu werden.

Im Jahr 2005 wurde am Thalia-Theater in Hamburg John von Düffels **Dramenadaption** uraufgeführt, die sich seitdem auf den deutschsprachigen Bühnen großer Beliebtheit erfreut. Düffel konzentriert sich mit der stark reduzierten Handlung auf die dritte Generation (Thomas, Christian, Tony), die Elternfiguren Jean und Bethsy fungieren nach ihrem Ableben als Erzähler und Kommentatoren aus dem Jenseits.

Als Roman wird *Buddenbrooks* gewiss überdauern, sodass Franz Werfels Worte auch heute noch gelten dürften: „Wahrhaftig, die *Buddenbrooks* sind unsterblich. Sie haben die herrliche Eigenschaft organischer Substanz, mit der Zeit zu wachsen." (zit. n. Kommentar, S. 227)

Literaturhinweise

Verwendete Ausgabe

THOMAS MANN: Buddenbrooks. Verfall einer Familie. Frankfurt a. M.: Fischer Taschenbuch Verlag. 59. Auflage 2010.

Weitere Werke des Autors

THOMAS MANN: Gesammelte Werke in 13 Bänden. Frankfurt a. M. 1974: Fischer Taschenbuchausgabe 1990. (Zitiert als: Werke I–XIII)

THOMAS MANN: Briefe an Otto Grautoff 1894–1901 und Ida Boy-Ed 1903–1928. Hrsg. v. Peter de Mendelssohn. Frankfurt a. M.: S. Fischer 1975. (Zitiert als: Briefe I)

THOMAS MANN: Politische Schriften und Reden. Erster Band. Betrachtungen eines Unpolitischen. Frankfurt a. M.: Fischer 1960. (Zitiert als: Schriften und Reden)

THOMAS MANN: Reden und Aufsätze, Band 2. Frankfurt a. M.: Fischer 1965. (Zitiert als: Reden und Aufsätze 2)

THOMAS MANN: Schriften u. Reden zur Literatur und Kunst, Bd. 1. Frankfurt a. M.: Fischer 1965. (Zitiert als: Literatur und Kunst 1)

THOMAS MANN: Autobiographisches. Frankfurt a. M.: Fischer 1960. (Zitiert als: Autobiographisches)

Weiterführende Literatur

THOMAS MANN: Große Kommentierte Frankfurter Ausgabe: Romane und Erzählungen, Buddenbrooks, Kommentarband: 1. Von Eckhard Heftrich, Stephan Stachorski. Fischer: Frankfurt a. M. 2002. (Zitiert als: Kommentar)

THOMAS-MANN-HANDBUCH. Hrsg. v. Helmut Koopmann. Frankfurt a. M.: Fischer 2005. (Zitiert als: Koopmann)

BOURGET, PAUL: Psychologische Abhandlungen über zeitgenössische Schriftsteller. Minden i. W.: 1903. (Zitiert als: Bourget)

HOFMANNSTHAL, HUGO: Gabriele d'Annunzio. In: Die Wiener Moderne. Hrsg. v. G. Wunberg. Stuttgart: Reclam 1981. (Zitiert als: Hofmannsthal)

MENDELSSOHN, PETER DE: Der Zauberer. Das Leben des deutschen Schriftstellers Thomas Mann. Frankfurt a. M.: Fischer 1996, Bd. 1. (Zitiert als: Mendelssohn)

NIETZSCHE, FRIEDRICH: Werke in drei Bänden. München: Hanser Verlag 1954. (Zitiert als: Nietzsche)

REICH-RANICKI, MARCEL: Thomas Mann und die Seinen. Stuttgart: Deutsche Verlags Anstalt 1987. (Zitiert als: Reich-Ranicki)

SCHOPENHAUER, ARTHUR: Werke in zehn Bänden (Zürcher Ausgabe), hrsg. v. Arthur Hübscher, Zürich 1977, Bd. VII. (Zitiert als: Schopenhauer)

SCHRÖTER, KLAUS: Thomas Mann in Selbstzeugnissen und Bilddokumenten (rororo Bildmonographien 93). 26. Aufl. Reinbek b. Hamburg: Rowohlt 1994. (Zitiert als: Schröter)

SPIERLING, VOLKER: Arthur Schopenhauer zur Einführung. Hamburg: Junius Verlag 2002. (Zitiert als: Spierling)

WEBER, MAX: Gesammelte Aufsätze zur Religionssoziologie, Band 1, Tübingen 1986. (Zitiert als: Weber)

WIELER, MICHAEL: Dilettantismus: Wesen und Geschichte; am Beispiel von Heinrich und Thomas Mann. Diss. Münster 1994. (Zitiert als: Wieler)

WISSKIRCHEN, HANS: Die Welt der Buddenbrooks. Frankfurt a. M.: Fischer Verlag 2008. Darin: Eikhölter, M., Die Stadt Lübeck in Buddenbrooks, hier: S. 112 f. (Zitiert als: Wisskirchen).

Ihre Meinung ist uns wichtig!

Ihre Anregungen sind uns immer willkommen. Bitte informieren Sie uns mit diesem Schein über Ihre Verbesserungsvorschläge!

Titel-Nr.	Seite	Vorschlag

Bitte hier abtrennen

Lernen • Wissen • Zukunft
STARK

Bitte hier abtrennen

Zutreffendes bitte ankreuzen! Die Absenderin/der Absender ist:

- ☐ Lehrer/in in den Klassenstufen: ______
- ☐ Fachbetreuer/in
  Fächer: ______
- ☐ Seminarlehrer/in
  Fächer: ______
- ☐ Regierungsfachberater/in
  Fächer: ______
- ☐ Oberstufenbetreuer/in
- ☐ Schulleiter/in
- ☐ Referendar/in, Termin 2. Staatsexamen: ______
- ☐ Leiter/in Lehrerbibliothek
- ☐ Leiter/in Schülerbibliothek
- ☐ Sekretariat
- ☐ Eltern
- ☐ Schüler/in, Klasse: ______
- ☐ Sonstiges: ______

STARK Verlag
Postfach 1852
85318 Freising

21-V1P

Bitte ausfüllen und im frankierten Umschlag an uns einsenden. Für Fensterkuverts geeignet.

Kennen Sie Ihre Kundennummer?
Bitte hier eintragen.

Absender (Bitte in Druckbuchstaben!)

Name/Vorname

Straße/Nr.

PLZ/Ort/Ortsteil

Telefon privat

Geburtsjahr

E-Mail

Schule/Schulstempel (Bitte immer angeben!)

Unterrichtsfächer: (Bei Lehrkräften!)

STARK Interpretationshilfen und Trainingsbände für die Oberstufe

Deutsch Interpretationen

Andersch: *Sansibar oder der letzte Grund* .... Best.-Nr. 2400721
Becker: *Bronsteins Kinder* .... Best.-Nr. 2400671
Brecht: *Der aufhaltsame Aufstieg des Arturo Ui* .... Best.-Nr. 2400281
Brecht: *Leben des Galilei* .... Best.-Nr. 2400011
Brecht: *Mutter Courage und ihre Kinder* .... Best.-Nr. 2400521
Brecht: *Der gute Mensch von Sezuan* .... Best.-Nr. 2400751
Brussig: *Am kürzeren Ende der Sonnenallee* ..... Best.-Nr. 2400201
Büchner: *Dantons Tod* .... Best.-Nr. 2400121
Büchner: *Der Hessische Landbote* .... Best.-Nr. 2400461
Büchner: *Lenz* .... Best.-Nr. 2400431
Büchner: *Leonce und Lena* .... Best.-Nr. 2400261
Büchner: *Woyzeck* .... Best.-Nr. 2400042
Dürrenmatt: *Der Besuch der alten Dame* .... Best.-Nr. 2400341
Dürrenmatt: *Der Verdacht* .... Best.-Nr. 2400571
Dürrenmatt: *Die Physiker* .... Best.-Nr. 2400651
Eichendorff: *Aus dem Leben eines Taugenichts* .... Best.-Nr. 2400071
Eichendorff: *Das Marmorbild* .... Best.-Nr. 2400081
Fontane: *Effi Briest* .... Best.-Nr. 2400371
Fontane: *Irrungen, Wirrungen* .... Best.-Nr. 2400401
Fontane: *Frau Jenny Treibel* .... Best.-Nr. 2400611
Frisch: *Biedermann und die Brandstifter* .... Best.-Nr. 2400531
Frisch: *Homo faber* .... Best.-Nr. 2400031
Frisch: *Andorra* .... Best.-Nr. 2400131
Goethe: *Faust I* .... Best.-Nr. 2400512
Goethe: *Iphigenie auf Tauris* .... Best.-Nr. 2400361
Goethe: *Die Leiden des jungen Werther* Best.-Nr. 2400051
Gross: *Grafeneck* .... Best.-Nr. 2400761
Hauptmann: *Die Ratten* .... Best.-Nr. 2400411
Hein: *Der fremde Freund/Drachenblut* Best.-Nr. 2400061
Hesse: *Siddhartha* .... Best.-Nr. 2400711
Hoffmann, E.T.A.: *Der Sandmann* .... Best.-Nr. 2400351
Horváth: *Geschichten aus dem Wiener Wald* .... Best.-Nr. 2400581
Kafka: *Der Proceß* .... Best.-Nr. 2400481
Kafka: *Die Verwandlung/Das Urteil* .... Best.-Nr. 2400141
Kehlmann: *Die Vermessung der Welt* ... Best.-Nr. 2400701
Keller: *Romeo und Julia auf dem Dorfe* Best.-Nr. 2400321
Kerner: *Blueprint. Blaupause* .... Best.-Nr. 2400391
Kleist: *Der zerbrochne Krug* .... Best.-Nr. 2400541
Kleist: *Die Marquise von O.* .... Best.-Nr. 2400471
Kleist: *Michael Kohlhaas* .... Best.-Nr. 2400111
Kleist: *Prinz Friedrich von Homburg* ..... Best.-Nr. 2400631
Koeppen: *Tauben im Gras* .... Best.-Nr. 2400641
Kracht: *Faserland* .... Best.-Nr. 2400771
Lessing: *Emilia Galotti* .... Best.-Nr. 2400191

Lessing: *Nathan der Weise* .... Best.-Nr. 2400501
Mann, Th.: *Der Tod in Venedig* .... Best.-Nr. 2400291
Mann, Th.: *Tonio Kröger/ Mario und der Zauberer* .... Best.-Nr. 2400151
Mann, Th.: *Buddenbrooks* .... Best.-Nr. 2400681
Musil: *Die Verwirrungen der Zöglings Törleß* .... Best.-Nr. 2400561
Schiller: *Don Karlos* .... Best.-Nr. 2400162
Schiller: *Kabale und Liebe* .... Best.-Nr. 2400231
Schiller: *Die Räuber* .... Best.-Nr. 2400421
Schiller: *Maria Stuart* .... Best.-Nr. 2400272
Schlink: *Der Vorleser* .... Best.-Nr. 2400102
Schneider: *Schlafes Bruder* .... Best.-Nr. 2400021
Schnitzler: *Lieutenant Gustl* .... Best.-Nr. 2400661
Schnitzler: *Traumnovelle* .... Best.-Nr. 2400311
Sophokles: *Antigone* .... Best.-Nr. 2400221
Stamm: *Agnes* .... Best.-Nr. 2400691
Storm: *Der Schimmelreiter* .... Best.-Nr. 2400381
Süskind: *Das Parfum* .... Best.-Nr. 2400091
Timm: *Die Entdeckung der Currywurst* .... Best.-Nr. 2400301
Vanderbeke: *Das Muschelessen* .... Best.-Nr. 2400331
Wolf: *Kassandra* .... Best.-Nr. 2400601
Wolf: *Medea. Stimmen* .... Best.-Nr. 2400551
Wedekind: *Frühlings Erwachen* .... Best.-Nr. 2400491
Zweig: *Schachnovelle* .... Best.-Nr. 2400441

Deutsch Training

Gedichte analysieren und interpretieren .... Best.-Nr. 944091
Dramen analysieren u. interpretieren .. Best.-Nr. 944092
Epische Texte analysieren und interpretieren .... Best.-Nr. 944093
Erörtern und Sachtexte analysieren ..... Best.-Nr. 944094
Abitur-Wissen Deutsche Literaturgeschichte .... Best.-Nr. 94405
Abitur-Wissen Textinterpretation .... Best.-Nr. 944061
Abitur-Wissen Erörtern und Sachtexte analysieren ..... Best.-Nr. 944064
Abitur-Wissen Prüfungswissen Oberstufe .... Best.-Nr. 94400

(Bitte blättern Sie um)